消防员安全基础训练手册

XIAOFANGYUAN ANQUAN JICHU XUNLIAN SHOUCE

花 冰 雍山群◎主 编
钱海健 于 永 刘 毅 李先胜◎副主编

中国铁道出版社有限公司
CHINA RAILWAY PUBLISHING HOUSE CO., LTD.

内 容 简 介

本书结合差异化练兵的工作特点，以提高消防员灭火救援单兵能力为目的而编写。本书包括消防员单兵训练、班组训练、应用训练三章，系统引入了绳索技术、内攻技术、救人与自救技术、真火烟热适应性训练和实战合成演练等内容。本书注重基础性、通用性、实用性和可操作性，重点突出职业化发展的特点，力求内容贴近实战、程序更加规范。

本书可作为高等院校消防安全类专业的教材，也可供从事消防安全及相关专业的技术人员及单位相关消防安全管理人员参考，还可供国家综合性消防救援队伍指战员在工作中查询使用。

图书在版编目（CIP）数据

消防员安全基础训练手册/花冰，雍山群主编．—北京：中国铁道出版社有限公司，2024.12

ISBN 978-7-113-31151-3

Ⅰ.①消…　Ⅱ.①花…②雍…　Ⅲ.①消防-训练-中国-手册　Ⅳ.①D631.6-62

中国国家版本馆 CIP 数据核字（2024）第 073196 号

书　　名：消防员安全基础训练手册
作　　者：花　冰　雍山群

责任编辑：荆　波　许　璐　　**编辑部电话：**（010）51873202
封面设计：高博越　　**封面摄影：**胡永盛
责任校对：刘　畅
责任印制：赵星辰

出版发行：中国铁道出版社有限公司（100054，北京市西城区右安门西街 8 号）
网　　址：https://www.tdpress.com/51eds
印　　刷：河北宝昌佳彩印刷有限公司
版　　次：2024 年 12 月第 1 版　2024 年 12 月第 1 次印刷
开　　本：710 mm×1 000 mm　1/16　**印张：**11.25　**字数：**212 千
书　　号：ISBN 978-7-113-31151-3
定　　价：49.80 元

前　言

随着社会发展和经济建设的巨大进步，城市建设日新月异，高层建筑林立，地下工程、现代化商场、文化娱乐场所大量涌现，石油化工企业蓬勃发展……在高质量发展的时代强音下，如何高水平地应对严峻的防灭火形势，如何强化消防救援队伍的练兵备战，这些都对消防救援队伍提出了新的更高要求。

为适应综合应急救援任务的需要，提高消防救援人员业务理论水平，培养灭火和应急救援专业技术人才，建设一支专业化、职业化的综合性消防救援队伍，我们编写了本书。本书认真贯彻落实习近平总书记关于加强地方专业队伍建设的重要指示，并结合改革转隶后消防救援队伍灭火救援实战需要，在灭火救援传统经验的基础上，丰富完善了新知识、新技术、新内容，突出体现了业务训练的基础性、系统性、规范性，以满足各级消防救援队伍理论培训和实战参考需要。

本书在传统消防员单兵、班组训练科目的基础上，增加了灭火救援安全训练和紧急避险科目，注重基础性、通用性、实用性和可操作性，重点突出职业化发展的特点，力求内容贴近实战、程序更加规范。本书主要内容包括消防员单兵训练、班组训练、应用训练三章，系统引入了绳索技术、内攻技术、救人与自救技术、真火烟热适应性训练和实战合成演练等内容。每部分内容都有操作性强、便于组训的实训科目，每个实训科目从操作程序、动作要领及安全注意事项等方面进行了详细的阐述，并借助直观的插图辅助讲解，力求达到图文并茂的效果，使读者更容易接受。

本书可作为高等院校消防安全类专业学生的教材，也可供从事消防安全及相关专业的技术人员及单位相关消防安全管理人员参考，还可供国家综合性消防救援队伍指战员在工作中查询使用。

本书由花冰、雍山群任主编，钱海健、于永、刘毅、李先胜任副主编，王浩、樊龙俊、丁佐进、宗军荣、吴绍平、衡伏海、马志伟、李伟亮等参与编写。花冰、雍山群负责本书总体构思、提纲制订，钱海健、于永、刘毅、李先胜负责本书的主题思想、内容选择；王浩、樊龙俊负责本书内容的统筹，协调各编者之间的配合、工作分工和初稿统稿汇总等，本书部分图片由胡永盛提供。

本书编写过程中，编写人员紧密协作、潜心钻研、精益求精，但书中难免有疏漏和不妥之处，敬请广大读者批评指正，以便进一步修改完善。

编　者

2024 年 7 月

目　录

第一章　单兵训练

消防员熟练掌握单兵业务技能至关重要，单兵作战能力是灭火救援战斗行动的基础。消防员应熟练掌握各类防护穿着佩戴方法，掌握侦检类、破拆类、救生类、排烟类、通信类装备操步骤，开展水带铺设、火场救人、消防梯架设、射水姿势、基础绳结与烟热适应等基础项目的操作，掌握训练科目动作要领。消防灭火救援对单兵素质要求十分严格，只有熟练掌握消防基础业务知识，练就过硬的操作技能，才能在实际工作中做到果断迅速地处置各类火灾，保障人民群众生命财产安全。

第一节　防护应用技术

一、原地穿着全套灭火防护装备操

（一）训练目的

通过训练，使参训人员掌握全套灭火防护装备着装的方法和要求。

（二）场地器材

在训练场上标出起点线，起点线前放置灭火防护服 1 套、灭火防护靴 1 双、消防头盔 1 顶、消防安全腰带 1 根、阻燃头套 1 个、安全绳 1 根、腰斧 1 个、呼救器（与方位灯合一）1 个、防爆照明头灯 1 具、消防手套 1 双、正压式空气呼吸器（容积≥6.8 L、气瓶压力≥25 MPa）1 具，如图 1-1 所示。

图 1-1　原地穿着全套灭火防护装备操器材示意图

（三）操作程序

（1）参训人员在起点线一侧 3 m 处站成一列横队。

（2）听到“第一名出列”的口令，参训人员答“是”，并跑至起点线面向指挥员呈立正姿势。

（3）听到“准备”的口令，参训人员检查器材，做好操作准备。

（4）听到“开始”的口令，参训人员脱下鞋子，上体微向前倾，双手握住靴子上沿两侧，穿好靴子、裤子，拉好裤子拉链、粘好尼龙搭扣；拿起阻燃头套，将头套通过面部开口围绕在颈部；穿上上衣，拉好拉链，粘好尼龙搭扣，将安全腰带束紧并扣好；单膝跪地，双手握住背托将空气呼吸器举过头顶，双臂插入肩带，背好空气呼吸器，调整肩带，扣牢腰带，打开气瓶开关，戴好面罩，拉紧系带，连接空气呼吸器供给阀；呼吸正常后，将头套开口部拉起，使头套覆盖呼吸器面罩边缘；戴好头盔，系紧盔带，调整至舒适位置，戴上消防手套后举手喊“好”。

（5）听到“操作完毕”的口令，参训人员将器材复位，面向指挥员喊“好”。

（6）听到“入列”的口令，参训人员答“是”，并跑步入列。

（四）操作要求

（1）参训人员着作训服、作训鞋。

（2）双脚踏到鞋底，安全腰带扎紧，空隙不超过 10 cm。

（3）头盔戴正，帽带松紧适度，贴于下颚。

（4）阻燃头套末端置于上衣两肩下，不得外露。

（5）空气呼吸器肩带、腰带松紧适宜，背托紧贴身体。

（6）气瓶阀开启应超过 3 圈。

（7）装备勿与地面或其他物品发生磕碰。

（8）腰斧、安全绳可提前系于消防安全腰带上。

原地穿着全套灭火防护装备操评定标准见表 1-1。

表 1-1　原地穿着全套灭火防护装备操评定标准

任务：180 s 内穿着好全套灭火防护装备					
考核要求：参训人员能够完成项目操作					
考核指令：计时从“开始”至参训人员喊“好”止					
序号	评判要点	单项完成情况		综合评定	
		完成	未完成	合格	不合格
1	按照操作要求着装				
2	穿好灭火防护靴、裤子、上衣，拉好拉链，粘好搭扣				

续表

序号	评判要点	单项完成情况		综合评定	
		完成	未完成	合格	不合格
3	佩戴阻燃头套、消防安全腰带				
4	佩戴空气呼吸器，收紧肩、腰带				
5	呼吸正常后，调整头套，使头套覆盖呼吸器面罩边缘				
6	戴好头盔，调整束带				
7	佩戴消防手套				
8	按照操作程序完成任务				
9	180 s 内完成操作				
备注：任意一项未完成，综合评定为“不合格”。					

二、原地穿着二级化学防护服操

（一）训练目的

通过训练，使参训人员掌握原地穿着二级化学防护服的方法和要求。

（二）场地器材

在训练场上标出起点线，起点线前放置空气呼吸器 1 具或消防过滤式综合防毒面具、二级化学防护服 1 套，如图 1-2 所示。

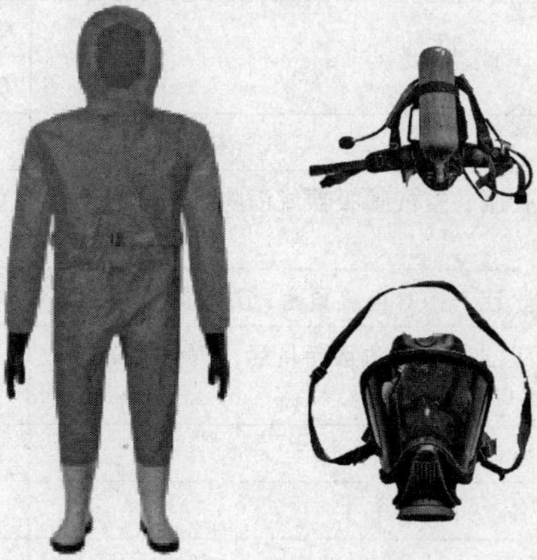

图 1-2 原地穿着二级化学防护服操器材示意图

（三）操作程序

（1）参训人员在起点线一侧 3 m 站成一列横队。

（2）听到“第一名出列”的口令，参训人员答“是”，并跑至起点线面向指挥员呈立正姿势。

(3) 听到“准备”的口令，参训人员检查器材，做好操作准备。

(4) 听到“开始”的口令，参训人员撑开二级化学防护服的颈口、胸襟，两脚伸进裤子内，将裤子提至腰部，再将两臂伸进袖内，顺势将双手伸进防化手套内；将上衣护胸折叠后，两边胸襟布将护胸布盖严；佩戴好正压式空气呼吸器或消防防毒面具后再将连衣帽戴在头上，并将颈扣带的大白扣按上，将空气呼吸器开启，正常呼气后，举手示意喊“好”。

(5) 听到“操作完毕”的口令，参训人员将器材复位，面向指挥员喊“好”。

(6) 听到“入列”的口令，参训人员答“是”，并跑步入列。

(四) 操作要求

(1) 参训人员着作训服、作训鞋。

(2) 二级化学防护服不得与尖锐物接触。

(3) 二级化学防护服拉链要拉到位，搭扣要完全黏合，系带要收紧。

原地穿着二级化学防护服操评定标准见表1-2。

表1-2 原地穿着二级化学防护服操评定标准

任务：180 s内穿着好二级化学防护服					
考核要求：参训人员能够完成项目操作					
考核指令：计时从“开始”至参训人员喊“好”止					
序号	评判要点	单项完成情况		综合评定	
		完成	未完成	合格	不合格
1	按照操作要求着装				
2	将装备按二级化学防护服、空气呼吸器或消防过滤式综合防毒面具顺序放置整理				
3	防护服的颈口、胸襟、连衣帽等连接紧密，并收紧腰带				
4	佩戴好正压式空气呼吸器或消防防毒面具后，再将头罩罩在头上，并将颈扣带的大白扣按上				
5	开启空气呼吸器，正常呼气				
6	按照操作程序完成任务				
7	180 s内完成操作				
备注：任意一项未完成，综合评定“不合格”。					

三、穿着隔热防护服操

(一) 训练目的

通过训练，使参训人员掌握穿着隔热防护服的操作方法。

（二）场地器材

在训练场上标出起点线，起点线前放置隔热防护服 1 套、消防头盔 1 顶、灭火防护靴 1 双，如图 1-3 所示。

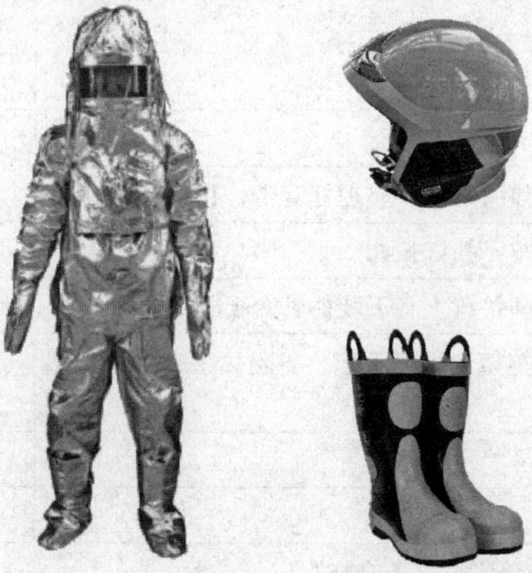

图 1-3 穿着隔热防护服器材示意图

（三）操作程序

（1）参训人员在起点线一侧 3 m 站成一列横队。

（2）听到“第一名出列”的口令，参训人员答“是”，并跑至起点线面向指挥员呈立正姿势。

（3）听到“准备”的口令，参训人员检查器材，做好操作准备。

（4）听到“开始”的口令，参训人员依次穿好隔热防护服下装、灭火防护靴，整理好背带，扣好纽扣，穿好上装，将粘扣对齐粘牢，扣好按扣。将隔热靴套在灭火防护靴上，把下装裤管套于隔热靴外，戴好消防头盔、隔热盔帽、隔热手套，将隔热手套的护腕塞于隔热服的袖口内后，举手示意喊“好”。

（5）听到“操作完毕”的口令，参训人员将器材复位，面向指挥员喊“好”。

（6）听到“入列”的口令，参训人员答“是”，并跑步入列。

（四）操作要求

（1）参训人员着作训服、作训鞋，佩戴消防（训练）头盔。

（2）参训人员依次穿戴隔热防护服。

（3）着装时背带松紧适度，上、下装的粘扣对齐粘牢。

穿着隔热防护服操评定标准见表 1-3。

表 1-3　穿着隔热防护服操评定标准

任务：5 min 内穿着好隔热防护服					
考核要求：参训人员能够完成项目操作					
考核指令：计时从“开始”至参训人员喊“好”止					
序号	评判要点	单项完成情况		综合评定	
		完成	未完成	合格	不合格
1	按照操作要求着装				
2	穿好灭火防护靴、隔热服下装，整理好背带，扣好纽扣				
3	将隔热服粘扣对齐粘牢，扣好按扣				
4	将隔热靴套套在灭火防护靴上，下装裤管套于隔热靴外				
5	戴好消防头盔、隔热盔帽、隔热手套，将隔热手套的护腕塞于隔热服的袖口内				
6	按照操作程序完成任务				
7	5 min 内完成操作				
备注：任意一项未完成，综合评定“不合格”。					

四、穿着电绝缘服操

（一）训练目的

通过训练，使参训人员掌握穿着电绝缘服的操作方法。

（二）场地器材

在训练场上标出起点线，起点线前放置电绝缘服 1 套、绝缘靴 1 双、电绝缘手套 1 副，消防头盔 1 顶，如图 1-4 所示。

图 1-4　穿着电绝缘服操器材示意图

（三）操作程序

（1）参训人员在起点线一侧 3 m 站成一列横队。

（2）听到“第一名出列”的口令，参训人员答“是”，并跑至起点线面向指挥员呈立正姿势。

（3）听到“准备”的口令，参训人员检查器材，做好操作准备。

（4）听到“开始”的口令，参训人员穿好绝缘靴、下装，收紧肩带，穿好上装，按好按扣，佩戴绝缘手套，举手示意喊“好”。

（5）听到“操作完毕”的口令，参训人员将器材复位，面向指挥员喊“好”。

（6）听到“入列”的口令，参训人员答“是”，并跑步入列。

（四）操作要求

（1）参训人员着作训服、作训鞋，佩戴消防（训练）头盔、消防安全腰带。

（2）上装的按扣和下装的纽扣应分别扣好。

穿着电绝缘服操评定标准见表1-4。

表1-4 穿着电绝缘服操评定标准

任务：120 s内穿着好电绝缘服					
考核要求：参训人员能够完成项目操作					
考核指令：计时从“开始”至参训人员喊“好”止					
序号	评判要点	单项完成情况		综合评定	
		完成	未完成	合格	不合格
1	按照操作要求着装				
2	收紧肩带，扣好纽扣				
3	按照操作程序完成任务				
4	120 s内完成操作				
备注：任意一项未完成，综合评定“不合格”。					

五、穿着防静电服操

（一）训练目的

通过训练，使参训人员掌握穿着防静电服的操作方法。

（二）场地器材

在训练场上标出起点线，起点线前放置防静电服1套、防护手套1副、灭火防护靴1双，如图1-5所示。

（三）操作程序

（1）参训人员在起点线一侧3 m站成一列横队。

（2）听到“第一名出列”的口令，参训人员答“是”，并跑至起点线面向指挥员呈立正姿势。

（3）听到“准备”的口令，参训人员检查器材，做好操作准备。

（4）听到“开始”的口令，参训人员穿好下装并扣好纽扣，然后穿好灭

图 1-5　穿着防静电服操器材示意图

火防护靴，穿好上装，拉好拉链，戴上手套，举手示意喊“好”。

（5）听到“操作完毕”的口令，参训人员将器材复位，面向指挥员喊“好”。

（6）听到“入列”的口令，参训人员答“是”，并跑步入列。

（四）操作要求

（1）参训人员着作训服、作训鞋，佩戴消防头盔（训练）、消防安全腰带。

（2）穿着时拉链要拉到位，纽扣要扣好。

穿着防静电服操评定标准见表 1-5。

表 1-5　穿着防静电服操评定标准

任务：180 s 内穿着好防静电服					
考核要求：参训人员能够完成项目操作					
考核指令：计时从“开始”至参训人员喊“好”止					
序号	评判要点	单项完成情况		综合评定	
		完成	未完成	合格	不合格
1	按照操作要求着装				
2	穿好下装并扣好纽扣，然后穿好灭火防护靴				
3	穿好上装，拉好拉链，戴上手套				
4	上装、下装拉链和纽扣拉好扣紧				
5	按照操作程序完成任务				
6	180 s 内完成操作				
备注：任意一项未完成，综合评定“不合格”。					

第二节　器材装备操作

器材装备操作主要分为以下五大类：

（1）侦检类器材装备操作，主要包括红外热成像仪应用操、测温仪应用操、可燃气体检测仪应用操、漏电探测仪应用操、有毒气体检测仪应用操。

（2）破拆类器材装备操作，主要包括液压剪（扩张器）操、无齿锯三角法破拆防盗门操、链锯切割木柱操。

（3）救生类器材装备操作，主要包括多功能担架固定伤员操、为被困人员佩戴过滤式面具操、气动起重气垫组装应用操。

（4）排烟类器材装备操作，主要包括机动排烟机负压排烟操、机动排烟机正压送风操。

（5）通信类器材装备操作，主要包括手语联络操、手持台应用操。

以下分别进行介绍。

一、红外热成像仪应用操

（一）训练目的

通过训练，使参训人员掌握红外热成像仪的操作方法。

（二）场地器材

在黑暗房间门口标出起点线，在起点线后放置红外热成像仪 1 台，在黑暗房间内设置热源 1 个（可用热水袋代替），如图 1-6 所示。

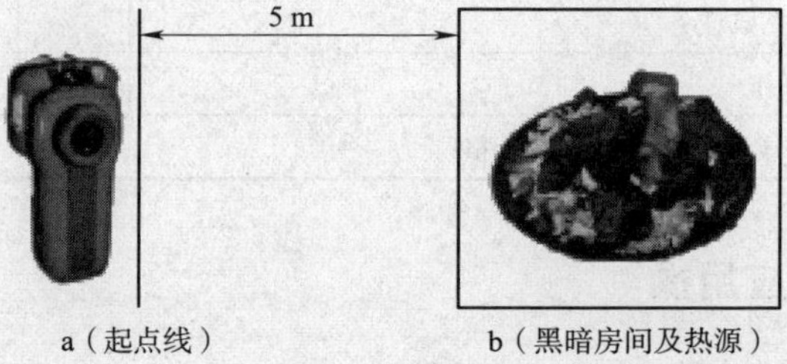

图 1-6　红外热成像仪应用操器材示意图

（三）操作程序

（1）参训人员在起点线一侧 3 m 站成一列横队。

（2）听到“第一名出列”的口令，参训人员答“是”，并跑至起点线面向指挥员呈立正姿势。

（3）听到“准备”的口令，参训人员检查器材，做好操作准备。

（4）听到“开始”的口令，参训人员打开红外热成像仪，调整至对应模式，进入房间搜索热源，待搜索到热源后，将热源带回起点线，举手示意喊“好”。

（5）听到“操作完毕”的口令，参训人员将器材复位，面向指挥员喊“好”。

（6）听到“入列”的口令，参训人员答“是”，并跑步入列。

（四）操作要求

（1）参训人员着灭火防护服、灭火防护靴，佩戴消防头盔、消防安全腰带、阻燃头套、安全绳、腰斧、呼救器（与方位灯合一）、防爆照明灯、消防手套、正压式空气呼吸器（容积≥6.8 L、气瓶压力≥25 MPa）。

（2）镜头玻璃不能碰到水和尖锐物体。

（3）不能对准太阳等异常高温物体观测。

红外热成像仪应用操评定标准见表1-6。

表1-6　红外热成像仪应用操评定标准

任务：120 s内完成红外热成像仪应用操作					
考核要求：参训人员能够完成项目操作					
考核指令：计时从“开始”至参训人员喊“好”止					
序号	评判要点	单项完成情况		综合评定	
		完成	未完成	合格	不合格
1	按照操作要求着装				
2	镜头玻璃不能碰到水和尖锐物体				
3	不能对准太阳等异常高温物体观测				
4	按照操作程序完成任务				
5	120 s内完成操作				
备注：任意一项未完成，综合评定“不合格”。					

二、测温仪应用操

（一）训练目的

通过训练，使参训人员掌握测温仪的操作方法。

（二）场地器材

在训练场上标出起点线，起点线后放置测温仪1台，距起点线5 m标出操作区，操作区设高温物体1处（可用热水袋代替），如图1-7所示。

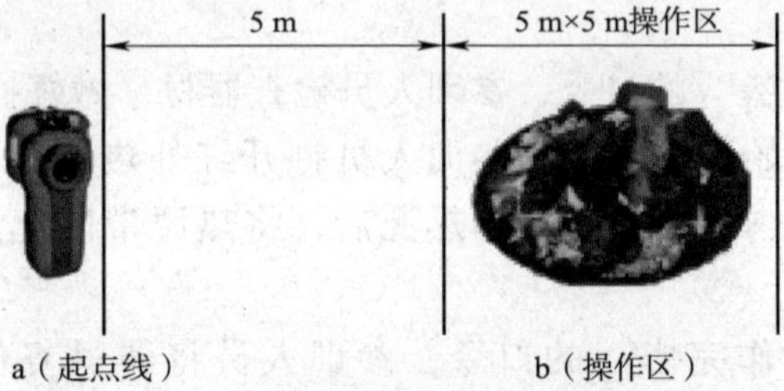

图1-7　测温仪应用操器材示意图

（三）操作程序

（1）参训人员在起点线一侧 3 m 站成一列横队。

（2）听到“第一名出列”的口令，参训人员答“是”，并跑至起点线面向指挥员呈立正姿势。

（3）听到“准备”的口令，参训人员检查器材，做好操作准备。

（4）听到“开始”的口令，参训人员取测温仪，按电源按钮至仪器正常工作后，进入操作区距被测物体适当距离，用激光瞄准，按由远至近的顺序检测，待显示器数字稳定后报出温度读数，举手示意喊“好”。听到“操作完毕”的口令，参训人员将器材复位，面向指挥员喊“好”。

（5）听到“入列”的口令，参训人员答“是”，并跑步入列。

（四）操作要求

（1）参训人员着灭火防护服、灭火防护靴，佩戴消防头盔、消防安全腰带、阻燃头套。

（2）操作中严禁靠近或直接放在高温物体上测量。

（3）不能隔着玻璃、塑料透明体测量。

（4）测量时，仪器的激光不能对人体眼睛进行照射。

测温仪应用操评定标准见表 1-7。

表 1-7 测温仪应用操评定标准

任务：60 s 内完成测温仪应用操作					
考核要求：参训人员能够完成项目操作					
考核指令：计时从“开始”至参训人员喊“好”止					
序号	评判要点	单项完成情况		综合评定	
		完成	未完成	合格	不合格
1	按照操作要求着装				
2	不能隔着玻璃、塑料透明体测量				
3	用激光瞄准按由远至近的顺序检测				
4	按照操作程序完成任务				
5	60 s 内完成操作				
备注：任意一项未完成，综合评定“不合格”。					

三、可燃气体检测仪应用操

（一）训练目的

通过训练，使参训人员掌握可燃气体检测仪的操作方法。

（二）场地器材

在训练场上标出起点线，在起点线后放置霍尼韦尔四合一可燃气体检测仪1部、打火机1只，如图1-8所示。

（三）操作程序

（1）参训人员在起点线一侧3 m站成一列横队。

（2）听到“第一名出列”的口令，参训人员答“是”，并跑至起点线面向指挥员呈立正姿势。

（3）听到“准备”的口令，参训人员检查器材，做好操作准备。

（4）听到“开始”的口令，参训人员取霍尼韦尔四合一可燃气体检测仪，按住“OK”键约3 s，仪器自动开机，待声光、振动报警各鸣闪及振动一次，仪器开始自检程序；待仪器自检完毕后进入检测界面，举手示意喊“开机完毕”。

图1-8　可燃气体检测仪应用器材示意图

（5）听到“可燃气体检测”的口令，参训人员左手用一次性打火机作为可燃气体气源，右手持检测仪由远至近接近气源，观察仪器屏幕读数的变化。当仪器报警时，屏幕会显示一级报警界面，随着气体浓度的增加，仪器屏幕会显示二级报警界面，参训人员根据界面显示分别报出气体类别和报警值。

（6）听到“新鲜空气标定”的口令，参训人员按住“▽”按钮约5 s进入快捷菜单，屏幕显示“CAL”，按“OK”键进入“FRESH”“AIR”“CAL”界面，再按两次“OK”键进行新鲜空气标定。如果新鲜空气标定成功，屏幕会交替显示“CAL”“OK”；如果新鲜空气标定失败，屏幕会交替显示“CAL”“ERROR”，应当退出重新标定。完成后按“△”按钮退出快捷菜单，直到仪器显示检测界面时，举手示意喊“好”。

（7）听到“操作完毕”的口令，参训人员将器材复位，面向指挥员喊“好”。

（8）听到“入列”的口令，参训人员答“是”，并跑步入列。

（四）操作要求

（1）参训人员着灭火防护服、灭火防护靴，佩戴消防头盔、消防安全腰带、阻燃头套。

（2）检测时要正确读报数据。

（3）探头进行新鲜空气标定时要在常态环境中进行。

（4）操作中严防仪器进水和摔碰。

（5）仪器不得在高浓度气体中长时间使用，报警后应及时撤出，以防探头失准。

可燃气体检测仪应用操评定标准见表 1-8。

表 1-8　可燃气体检测仪应用操评定标准

任务：120 s 内完成可燃气体检测仪的应用操作					
考核要求：参训人员能够完成项目操作					
考核指令：计时从“开始”至参训人员喊“好”止					
序号	评 判 要 点	单项完成情况		综合评定	
		完成	未完成	合格	不合格
1	按照操作要求着装				
2	检测仪由远至近接近气源，同时观察读数变化				
3	当仪器报警时，根据界面报出报警数值				
4	仪器显示检测界面时举手示意，并喊“好”				
5	按照操作程序完成任务				
6	120 s 内完成操作				
备注：任意一项未完成，综合评定“不合格”。					

四、漏电探测仪应用操

（一）训练目的

通过训练，使参训人员掌握漏电探测仪的操作方法。

（二）场地器材

在训练场上标出起点线，在起点线后放置漏电探测仪 1 根、绝缘手套 1 双，距起点线 5 m 标出操作区，操作区设电源 1 处，如图 1-9 所示。

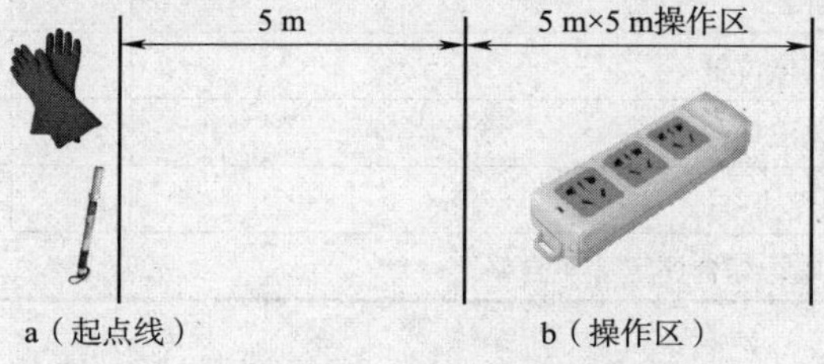

图 1-9　漏电探测仪应用操器材示意图

（三）操作程序

（1）参训人员在起点线一侧 3 m 处站成一列横队。

（2）听到“第一名出列”的口令，参训人员答“是”，并跑至起点线面向指挥员呈立正姿势。

（3）听到“准备”的口令，参训人员检查器材，做好操作准备。

(4) 听到“开始”的口令，参训人员取探测仪至操作区，将开关置于高灵敏度（HIGH）挡，慢慢接近目标，进行大范围的探测。听到连续“嘀、嘀”的高频报警信号后，判别大致方位，将开关切换至低灵敏度（LOW）挡，进行探测定位，当基本确定方位后，将开关调整至目标前置（FRONT）档探测，确认漏电电源的具体位置后举手示意喊“好”。

(5) 听到“操作完毕”的口令，参训人员将器材复位，面向指挥员喊“好”。

(6) 听到“入列”的口令，参训人员答“是”，并跑步入列。

(四) 操作要求

(1) 参训人员着灭火防护服、灭火防护靴，佩戴消防头盔、消防安全腰带、阻燃头套。

(2) 参训人员佩戴好个人防护装备，检查器材时须检查电量是否充足。

(3) 不得使用充电电池进行更换。

(4) 探测时，严禁探测仪直接接触电源、带电物体和导电液体等。

漏电探测仪应用操评定标准见表 1-9。

表 1-9　漏电探测仪应用操评定标准

任务：120 s 内完成漏电探测仪的应用操作					
考核要求：参训人员能够完成项目操作					
考核指令：计时从“开始”至参训人员喊“好”止					
序号	评判要点	单项完成情况		综合评定	
		完成	未完成	合格	不合格
1	按照操作要求着装				
2	确认漏电电源具体位置				
3	按照操作程序完成任务				
4	120 s 内完成操作				
备注：任意一项未完成，综合评定“不合格”。					

五、有毒气体检测仪应用操

(一) 训练目的

通过训练，使参训人员掌握手持式有毒气体检测仪的操作方法。

(二) 场地器材

在训练场上标出起点线，在起点线后放置手持式有毒气体检测仪（华瑞 PGM-7800 手持式气体检测仪）1 部、打火机 1 只，如图 1-10 所示。

（三）操作程序

（1）参训人员在起点线一侧3 m站成一列横队。

（2）听到“第一名出列”的口令，参训人员答“是”，并跑至起点线面向指挥员呈立正姿势。

（3）听到“准备”的口令，参训人员检查器材，做好操作准备。

（4）听到“开始”的口令，参训人员取有毒气体检测仪，按住“MODE”键，仪器自动开机，待报警蜂鸣器鸣响一次，仪器开始自检程序；待仪器自检完毕进入滚动检测界面后，界面将显示五个传感器的检测数据（五个传感器分别为可燃气体、氧气、三个可选配有毒气体），举手示意喊“开机完毕”。

a（起点线）

图1-10　有毒气体检测仪应用操器材示意图

（5）听到“可燃气体检测”的口令，参训人员用一次性打火机作为可燃气体气源，持检测仪由远至近接近气源，观察仪器屏幕读数的变化。当仪器报警时，屏幕将显示低限报警界面，随着气体浓度的增加，仪器屏幕将显示高限报警界面，参训人员根据界面显示分别报出报警值，举手示意喊“好”。

（6）听到“新鲜空气标定”的口令，参训人员按住“MODE”键和“N/－”键进入编程模式，仪器将显示密码（原始密码0000），在无改动密码的情况下按“MODE”键1 s，仪器将进入“Calibrate Monitor”（是否校正仪器?），按“Y/＋”键进入“Fresh Air Calibration”（是否进行清洁空气校正?），按“Y/＋”键开始零点校正。完成后按“MODE”键退出快捷菜单，直到仪器显示检测界面时，举手示意喊“好”。

（7）听到“操作完毕”的口令，参训人员将器材复位，面向指挥员喊“好”。

（8）听到“入列”的口令，参训人员答“是”，并跑步入列。

（四）操作要求

（1）参训人员着二级化学防护服。

（2）检测时要正确读报数据（可燃气体显示数值为爆炸浓度下限的百分比）。

（3）探头进行新鲜空气标定时要在常态环境中进行。

（4）操作中严防仪器进水和摔碰。

（5）仪器不得在高浓度气体中长时间使用，报警后应及时撤出，以防探头失准。

（6）检测完毕器材应及时校正复位。

有毒气体检测仪应用操评定标准见表1-10。

表 1-10　有毒气体检测仪应用操评定标准

任务：180 s 内完成手持式有毒气体检测仪的应用操作					
考核要求：参训人员能够完成项目操作					
考核指令：计时从“开始”至参训人员喊“好”止					
序号	评判要点	单项完成情况		综合评定	
		完成	未完成	合格	不合格
1	按照操作要求着装				
2	检测时要正确读报数据				
3	探头进行新鲜空气标定时要在常态环境中进行				
4	按照操作程序完成任务				
5	180 s 内完成操作				
备注：任意一项未完成，综合评定“不合格”。					

六、液压剪（扩张器）操

（一）训练目的

通过训练，使参训人员学会液压剪（扩张器）的操作方法，掌握其操作要领。

（二）场地器材

在长 5 m 的平地上标出起点线和展开线。起点线上放置 1 套液压剪（扩张器），展开线上设置 1 处障碍物，如图 1-11 所示。

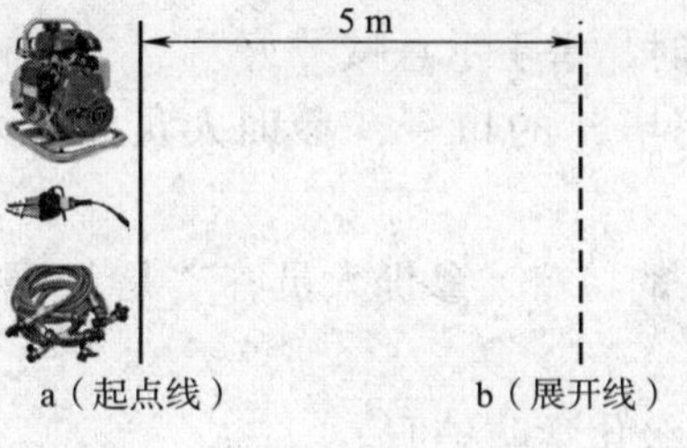

图 1-11　液压剪（扩张器）操器材示意图

（三）操作程序

（1）参训人员在起点线一侧 3 m 处成一列横队。

（2）听到“前两名出列”的口令，两名参训人员答“是”，并跑至起点线面向指挥员呈立正姿势。

（3）听到“准备”的口令，参训人员检查器材，做好操作准备。

（4）听到“开始”的口令，1 号员（即 1 号参训人员，本书此类均简称×号员）双手持液压剪（扩张器）手柄至展开线，取液压管插头连接液压剪

（扩张器），右手启动开关，使液压剪（扩张器）两臂开始伸展，对准障碍物进行剪切（扩张），待剪切（扩张）完毕后，喊“好”。2 号员展开液压管，拔下防尘帽，协助 1 号员连接液压剪（扩张器）的液压管插头，启动液压泵，调整油门，举手示意喊“好”。

（5）听到“操作完毕”的口令，参训人员将器材复位，面向指挥员喊“好”。

（6）听到“入列”的口令，参训人员跑步入列。

（四）操作要求

（1）参训人员着灭火防护服、灭火防护靴，佩戴消防头盔、消防安全腰带。

（2）液压管的插头连接要牢固。

（3）器械要轻拿轻放。

液压剪（扩张器）操评定标准见表 1-11。

表 1-11 液压剪（扩张器）操评定标准

任务：120 s 内完成液压剪（扩张器）的操作					
考核要求：参训人员能够完成项目操作					
考核指令：计时从“开始”至参训人员喊“好”止					
序号	评判要点	单项完成情况		综合评定	
		完成	未完成	合格	不合格
1	按照操作要求着装				
2	液压管连接要牢固				
4	按照操作程序完成任务				
5	120 s 内完成操作				
备注：任意一项未完成，综合评定“不合格”。					

七、无齿锯三角法破拆防盗门操

（一）训练目的

通过训练，使参训人员掌握无齿锯三角法破拆防盗门的操作方法。

（二）场地器材

在训练场上标出起点线，起点线后无齿锯 1 台、电工钳、断线剪、多功能腰斧各 1 把。起点线前放置防盗门 1 扇，如图 1-12 所示。

（三）操作程序

（1）参训人员在起点一侧 3 m 处站成一列横队。

（2）听到“第一名出列”的口令，参训人员答“是”，并跑至起点线面向指挥员呈立正姿势。

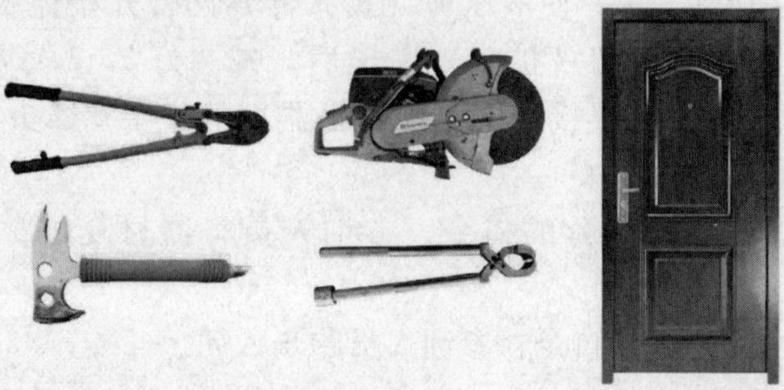

图 1-12　无齿锯三角法破拆防盗门操器材示意图

（3）听到“准备”的口令，参训人员检查器材，做好操作准备。

（4）听到“开始”的口令，参训人员携带无齿锯、电工钳、断线剪、多功能腰斧至防盗门前拉下头盔护目镜，启动无齿锯，用无齿锯切断主锁牙，并在防盗门把手上、下方各斜切一条直线至整个锁芯和把手部位成三角形，使用多功能腰斧撬开被切割的门板，露出上下连杆后用断线剪剪断，再用电工钳向锁芯方向拉动上、下锁点连杆，断开侧锁点及天地锁点，开启防盗门后，举手示意喊“好”。

（5）听到“操作完毕”的口令，参训人员将器材复位，面向指挥员喊“好”。

（6）听到“入列”的口令，参训人员答“是”，并跑步入列。

（四）操作要求

（1）参训人员着抢险救援服、抢险救援靴，佩戴抢险救援头盔、抢险救援手套。

（2）切割时，切割片应与切割物垂直。

（3）机器发动后，切割片不得触地。

（4）严禁机器空载的情况下高速运转。

（5）无齿锯破拆锁牙应选择准确位置，不可二次破拆。

无齿锯三角法破拆防盗门操评定标准见表 1-12。

表 1-12　无齿锯三角法破拆防盗门操评定标准

任务：完成无齿锯三角法破拆防盗门					
考核要求：参训人员能够完成项目操作					
考核指令：从“开始”至参训人员喊“好”止					
序号	评判要点	单项完成情况		综合评定	
		完成	未完成	合格	不合格
1	按操作要求着装				

续表

序号	评判要点	单项完成情况		综合评定	
		完成	未完成	合格	不合格
2	无齿锯启动前将头盔护目镜拉下				
3	个人防护装备脱落及时纠正				
4	切割时，切口应与切割物垂直				
5	机器发动后，锯片不得触地				
6	严禁机器空载的情况下高速运转				
7	无齿锯破拆锁牙选择位置准确，不可二次破拆				
8	按照操作程序完成任务				
备注：任意一项未完成，综合评定“不合格”。					

八、链锯切割木柱操

（一）训练目的

通过训练，使参训人员掌握链锯的使用方法。

（二）场地器材

在训练场上标出起点线，起点线后放置链锯 1 台、起点线前放置训练装置及圆木 1 根（圆木直径 20 cm），如图 1-13 所示。

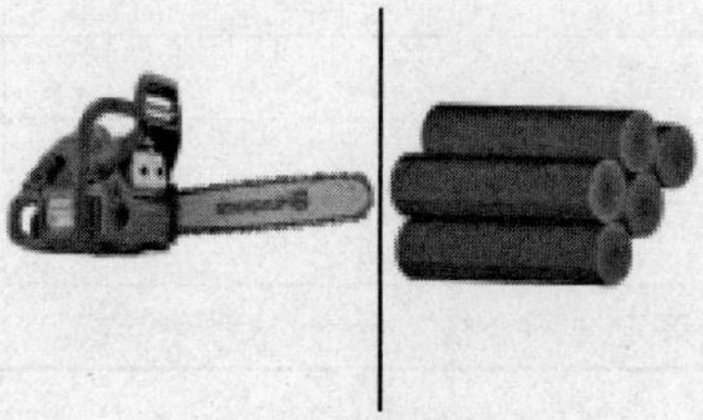

图 1-13　链锯切割木柱操器材示意图

（三）操作程序

（1）参训人员在起点一侧 3 m 处站成一列横队。

（2）听到“第一名出列”的口令，参训人员答“是”，并跑至起点线面向指挥员呈立正姿势。

（3）听到“准备”的口令，参训人员检查器材，做好操作准备。

（4）听到“开始”的口令，参训人员拉下头盔护目镜，启动链锯，开启链条保险装置，双手持链锯，对圆木进行垂直切割，完毕后举手示意喊“好”。

（5）听到“操作完毕”的口令，参训人员将器材复位，面向指挥员喊“好”。

（6）听到“入列”的口令，参训人员答“是”，并跑步入列。

（四）操作要求

（1）参训人员着抢险救援服、抢险救援靴，佩戴抢险救援头盔、抢险救援手套。

（2）机器发动后，链锯不得触地。

（3）切割时，链锯应与切割物垂直。

（4）切割前，链条保险装置必须关闭。

链锯切割木柱操评定标准见表 1-13。

表 1-13　链锯切割木柱操评定标准

任务：完成链锯切割木柱					
考核要求：参训人员能够完成项目操作					
考核指令：从“开始”至参训人员喊“好”止					
序号	评判要点	单项完成情况		综合评定	
		完成	未完成	合格	不合格
1	按操作要求着装				
2	机器启动前将头盔护目镜拉下				
3	个人防护装备脱落及时纠正				
4	切割时，切口应与木柱垂直				
5	机器发动后，链条不得触地				
6	按照操作程序完成任务				
备注：任意一项未完成，综合评定“不合格”。					

九、多功能担架固定伤员操

（一）训练目的

通过训练，使参训人员掌握多功能担架固定伤员的操作方法。

（二）场地器材

在训练场上标出起点线，在起点线后放置多功能担架 1 副，距起点线 5 m 标出操作区，操作区设置假人 1 个，如图 1-14 所示。

（三）操作程序

（1）参训人员在起点线一侧 3 m 处站成一列横队。

（2）听到“第一名出列”的口令，参训人员答“是”，并跑至起点线面向指挥员呈立正姿势。

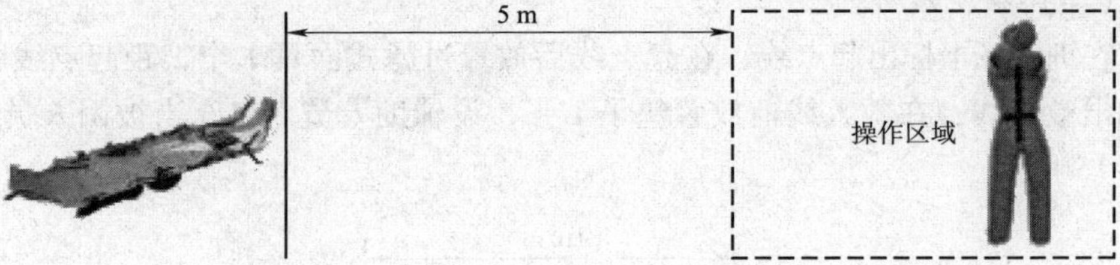

图 1-14 多功能担架固定伤员操器材示意图

（3）听到“准备”的口令，参训人员检查器材，做好操作准备。

（4）听到“开始”的口令，参训人员携带多功能担架迅速至救护点（假人处），将被救者双臂打开，参训人员双手从背后伸入被救护者的腋下，将被救者移至多功能担架内放平，并实施固定，固定完毕后，举手喊“好”。

（5）听到“操作完毕”的口令，参训人员将器材复位，面向指挥员喊“好”。

（6）听到“入列”的口令，参训人员答“是”，并跑步入列。

（四）操作要求

（1）参训人员着灭火防护服、灭火防护靴，佩戴消防头盔、消防安全腰带、阻燃头套。

（2）救人方法熟练、正确。

（3）轻抬轻放，以免对被救护者造成二次伤害。

多功能担架固定伤员操评定标准见表 1-14。

表 1-14 多功能担架固定伤员操评定标准

<table>
<tr><td colspan="6">任务：180 s 内完成多功能担架固定伤员的操作</td></tr>
<tr><td colspan="6">考核要求：参训人员能够完成项目操作</td></tr>
<tr><td colspan="6">考核指令：计时从“开始”至参训人员喊“好”止</td></tr>
<tr><td rowspan="2">序号</td><td rowspan="2">评 判 要 点</td><td colspan="2">单项完成情况</td><td colspan="2">综合评定</td></tr>
<tr><td>完成</td><td>未完成</td><td>合格</td><td>不合格</td></tr>
<tr><td>1</td><td>按照操作要求着装</td><td></td><td></td><td rowspan="3"></td><td rowspan="3"></td></tr>
<tr><td>2</td><td>按照操作程序完成任务</td><td></td><td></td></tr>
<tr><td>3</td><td>180 s 内完成操作</td><td></td><td></td></tr>
<tr><td colspan="6">备注：任意一项未完成，综合评定“不合格”。</td></tr>
</table>

十、为被困人员佩戴过滤式面具操

（一）训练目的

通过训练，使参训人员掌握过滤式面具的使用方法。

（二）场地器材

在训练场上标出起点线，在起点线后放置过滤式面具 1 个，距起点线 10 m 处标出救人线，在救人线前放置垫子 1 张，设辅助人员 1 名充当被困人员，如图 1-15 所示。

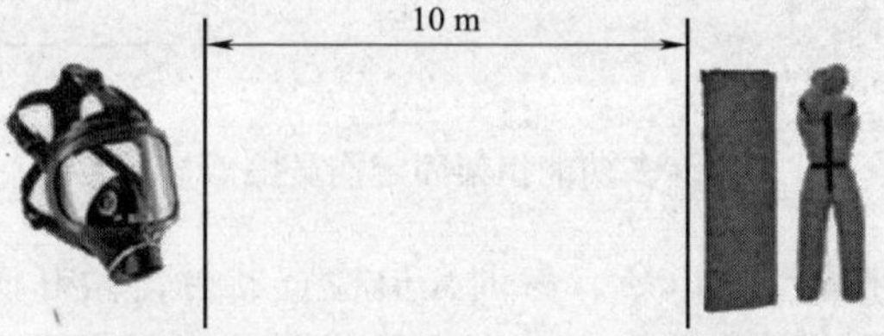

图 1-15　为被困人员佩戴过滤式面具操器材示意图

（三）操作程序

（1）参训人员在起点线一侧 3 m 处站成一列横队。

（2）听到“第一名出列”的口令，参训人员答“是”，并跑至起点线面向指挥员呈立正姿势。

（3）听到“准备”的口令，参训人员检查器材，做好操作准备。

（4）听到“开始”的口令，参训人员携带过滤式面具至被困人员处，调整被困人员体位使其平躺，单膝跪于伤员另一侧，调整过滤式面罩收紧带，将其套在伤员头上，并逐渐收紧后，举手示意喊“好”。

（5）听到“操作完毕”的口令，参训人员将器材复位，返回起点线举手示意喊“好”。

（6）听到“入列”的口令，参训人员跑步入列。

（四）操作要求

（1）参训人员着灭火防护服、灭火防护靴，佩戴消防头盔、消防安全腰带、阻燃头套。

（2）收紧适度，避免被救者夹伤。

为被困人员佩戴过滤式面具操评定标准见表 1-15。

表 1-15　为被困人员佩戴过滤式面具操评定标准

任务：60 s 内完成为被困人员佩戴过滤式面具的操作					
考核要求：参训人员能够完成项目操作					
考核指令：计时从“开始”至参训人员喊“好”止					
序号	评判要点	单项完成情况		综合评定	
		完成	未完成	合格	不合格
1	按照操作要求着装				

续表

序号	评判要点	单项完成情况		综合评定	
		完成	未完成	合格	不合格
2	按照操作程序完成任务				
3	60 s 内完成操作				
备注：任意一项未完成，综合评定“不合格”。					

十一、气动起重气垫组装应用操

（一）训练目的

通过训练，使参训人员掌握气动起重气垫组装的操作方法。

（二）场地器材

在训练场上标出起点线，在起点线后放置气动起重气垫 1 套，如图 1-16 所示。

a（起点线）

图 1-16　气动起重气垫组装应用操器材示意图

（三）操作程序

（1）参训人员在起点线一侧 3 m 处站成一列横队。

（2）听到“第一名出列”的口令，参训人员答“是”，并跑至起点线面向指挥员呈立正姿势。

（3）听到“准备”的口令，参训人员检查器材，做好操作准备。

（4）听到“开始”的口令，参训人员携带起重气垫至操作区，将气垫放于车底可承重部位后，携带气瓶、减压阀、供气软管至操作区。依次连接后，展开供气软管与气垫连接，打开空气呼吸器气瓶，调节压力，开始缓慢供气。适当调整气垫放置位置，继续供气，待重物顶升后，起重完毕，举手示意喊“好”。

（5）听到“操作完毕”的口令，参训人员利用控制盘按照先上后下进行缓慢泄压，完毕后将器材复位。

（6）听到“入列”的口令，参训人员答“是”，并跑步入列。

（四）操作要求

（1）参训人员着抢险救援服、抢险救援靴，佩戴抢险救援头盔、抢险救援手套。

（2）使用时气垫要塞入物体下部 75% 以上，防止滑出。

（3）气垫重叠使用时，应先下后上进行供气。

（4）操作中车辆可用其他起重对象代替。

气动起重气垫组装应用操评定标准见表 1-16。

表 1-16　气动起重气垫组装应用操评定标准

任务：180 s 内完成气动起重气垫组装的应用操作					
考核要求：参训人员能够完成项目操作					
考核指令：计时从“开始”至参训人员喊“好”止					
序号	评判要点	单项完成情况		综合评定	
		完成	未完成	合格	不合格
1	按照操作要求着装				
2	将气垫放于车底可承受部位，气垫要塞入物体下部 75% 以上				
3	按照操作程序完成任务				
4	180 s 内完成操作				
备注：任意一项未完成，综合评定“不合格”。					

十二、机动排烟机负压排烟操

（一）训练目的

通过训练，使参训人员熟练掌握机动排烟机负压排烟的操作方法。

（二）场地器材

在训练场上标出起点线，起点线后放置机动排烟机 1 套，如图 1-17 所示。

图 1-17　机动排烟机负压排烟操器材示意图

(三) 操作程序

(1) 参训人员在起点线一侧 3 m 处站成一列横队。

(2) 听到“第一名出列”的口令，参训人员答“是”，并跑至起点线面向指挥员呈立正姿势。

(3) 听到“准备”的口令，参训人员检查器材，做好操作准备。

(4) 听到“开始”的口令，参训人员将排烟机与排烟管、吸烟管连接固定，展开排烟管和吸烟管，启动排烟机，待排烟机正常工作后，举手示意喊“好”。

(5) 听到“操作完毕”的口令，参训人员将器材复位，面向指挥员喊“好”。

(6) 听到“入列”的口令，参训人员答“是”，并跑步入列。

(四) 操作要求

(1) 参训人员着灭火防护服、灭火防护靴，佩戴消防头盔、消防安全腰带、阻燃头套、消防手套。

(2) 各管路接口连接完好，不得脱落。

机动排烟机负压排烟操评定标准见表 1-17。

表 1-17 机动排烟机负压排烟操评定标准

<table>
<tr><td colspan="6">任务：120 s 内完成机动排烟机负压排烟的操作</td></tr>
<tr><td colspan="6">考核要求：参训人员能够完成项目操作</td></tr>
<tr><td colspan="6">考核指令：计时从“开始”至参训人员喊“好”止</td></tr>
<tr><td rowspan="2">序号</td><td rowspan="2">评 判 要 点</td><td colspan="2">单项完成情况</td><td colspan="2">综合评定</td></tr>
<tr><td>完成</td><td>未完成</td><td>合格</td><td>不合格</td></tr>
<tr><td>1</td><td>按照操作要求着装</td><td></td><td></td><td rowspan="4"></td><td rowspan="4"></td></tr>
<tr><td>2</td><td>机动排烟机负压排烟开关正常打开</td><td></td><td></td></tr>
<tr><td>3</td><td>按操作程序完成任务</td><td></td><td></td></tr>
<tr><td>4</td><td>120 s 内完成操作</td><td></td><td></td></tr>
<tr><td colspan="6">备注：任意一项未完成，综合评定“不合格”。</td></tr>
</table>

十三、机动排烟机正压送风操

(一) 训练目的

通过训练，使参训人员熟练掌握机动排烟机正压送风的操作方法。

(二) 场地器材

在训练场上标出起点线，起点线后放置机动排烟机 1 套，如图 1-18 所示。

a（起点线）

图 1-18 机动排烟机正压送风操器材示意图

（三）操作程序

（1）参训人员在起点线一侧 3 m 处站成一列横队。

（2）听到“第一名出列”的口令，参训人员答“是”，并跑至起点线面向指挥员呈立正姿势。

（3）听到“准备”的口令，参训人员检查器材，做好操作准备。

（4）听到“开始”的口令，参训人员连接排烟机送风管并固定，展开送风管，启动排烟机，待排烟机正常工作后，举手示意喊“好”。

（5）听到“操作完毕”的口令，参训人员将器材复位，面向指挥员喊“好”。

（6）听到“入列”的口令，参训人员答“是”，并跑步入列。

（四）操作要求

（1）参训人员着灭火防护服、灭火防护靴，佩戴消防头盔、消防安全腰带、阻燃头套、消防手套。

（2）各管路接口连接完好，不得脱落。

机动排烟机正压送风操评定标准见表 1-18。

表 1-18 机动排烟机正压送风操评定标准

任务：120 s 内完成机动排烟机正压送风的操作					
考核要求：参训人员能够完成项目操作					
考核指令：计时从“开始”至参训人员喊“好”止					
序号	评判要点	单项完成情况		综合评定	
		完成	未完成	合格	不合格
1	按照操作要求着装				
2	机动排烟机正压送风开关正常打开				
3	按操作程序完成任务				
4	120 s 内完成操作				
备注：任意一项未完成，综合评定“不合格”。					

十四、火场手语联络操

（一）训练目的

通过训练，使参训人员掌握火场手语联络的操作方法。

（二）场地器材

在训练场上标出起点线。

（三）操作程序

（1）参训人员在起点线一侧3 m处站成一列横队。

（2）听到“第一名出列”的口令，参训人员答“是”，并跑至起点线面向指挥员呈立正姿势。

（3）听到“准备”的口令，参训人员检查器材，做好操作准备。

（4）听到“开始”的口令，参训人员边讲边做，供水动作为伸出手臂由后向前挥动；水带伸长动作为右手臂水平伸直，左手手掌托住右手肘；发现火源动作为水平伸出右手臂，手指形成“八”字形；发现被困人员为水平伸出右手臂，手指向下形成“八”字形；撤离动作为双手水平伸直，掌心向上，向自己胸部挥动手小臂；危险动作为双手抱头。操作完毕后，举手示意喊“好”。

（5）听到“操作完毕”的口令，参训人员将器材复位，面向指挥员喊“好”。

（6）听到“入列”的口令，参训人员答“是”，并跑步入列。

手语示意图如图1-19所示。

图1-19 手语示意图

（四）操作要求

（1）参训人员着灭火防护服、灭火防护靴，佩戴消防头盔、消防安全腰带、阻燃头套、安全绳、腰斧、呼救器（与方位灯合一）、防爆照明灯、消防手套、正压式空气呼吸器（容积≥6.8 L、气瓶压力≥25 MPa）。

（2）参训人员准确、迅速地做出动作，动作和对应信号必须全部正确。

火场手语联络操评定标准见表 1-19。

表 1-19　火场手语联络操评定标准

任务：完成手语联络操作					
考核要求：参训人员能够完成项目操作					
考核指令：从“开始”至参训人员喊“好”止					
序号	评判要点	单项完成情况		综合评定	
		完成	未完成	合格	不合格
1	按操作要求着装				
2	考核前检查装备器材，做好操作准备				
3	按照指令，准确做出手语动作				
4	按操作程序完成任务				
备注：任意一项未完成，综合评定“不合格”。					

十五、手持台应用操

（一）训练目的

通过训练，使参训人员掌握手持台的使用方法。

（二）场地器材

在训练场上标出起点线，起点线前放置 350 MHz 手持台 1 部，如图 1-20 所示。

a（起点线）

图 1-20　手持台

（三）操作程序

（1）参训人员在起点线一侧 3 m 站成一列横队。

（2）听到“第一名出列”的口令，参训人员答“是”，跑至起点线面向指挥员呈立正姿势。

（3）听到“准备”的口令，参训人员检查器材，做好操作准备。

（4）听到“开始”的口令，参训人员握住 350 MHz 手持台，按顺时针旋转“开/关/音量旋钮”开机，根据需要旋转“信道选择按钮”选择所需的信道，按住“通话键（PPT）”，进行通话。操作完毕后，按逆时针旋转“开/关/音量旋钮”直到“咔哒”声响起关机。操作完毕后，举手示意喊“好”。

（5）听到“操作完毕”的口令，参训人员将器材复位，面向指挥员喊“好”。

（6）听到“入列”的口令，参训人员答“是”，并跑步入列。

（四）操作要求

（1）参训人员着灭火防护服、灭火防护靴，佩戴消防头盔、消防安全腰带、阻燃头套。

（2）严防手持台进水和摔碰，通话时，离麦克风2.5～5 cm处。

（3）按照先听后发的原则使用手持台。

手持台应用操评定标准见表1-20。

表1-20　手持台应用操评定标准

<table>
<tr><td colspan="6">任务：完成手持台操作</td></tr>
<tr><td colspan="6">考核要求：参训人员能够完成项目操作</td></tr>
<tr><td colspan="6">考核指令：从“开始”至参训人员喊“好”止</td></tr>
<tr><td rowspan="2">序号</td><td rowspan="2">评判要点</td><td colspan="2">单项完成情况</td><td colspan="2">综合评定</td></tr>
<tr><td>完成</td><td>未完成</td><td>合格</td><td>不合格</td></tr>
<tr><td>1</td><td>按操作要求着装</td><td></td><td></td><td></td><td></td></tr>
<tr><td>2</td><td>根据指令选择正确信道</td><td></td><td></td><td></td><td></td></tr>
<tr><td>3</td><td>按操作程序完成任务</td><td></td><td></td><td></td><td></td></tr>
<tr><td colspan="6">备注：任意一项未完成，综合评定“不合格”。</td></tr>
</table>

第三节　正压式空气呼吸器的应用技术

一、正压式空气呼吸器的组成及维护

（一）训练目的

通过训练，使参训人员熟练掌握正压式空气呼吸器的日常维护保养和故障排除方法。

（二）器材

正压式空气呼吸器主要由面罩组件、供气阀组件、减压器组件、背架组件、空气瓶组件和压力显示装置等组成，如图1-21所示。

（三）日常维护保养方法与步骤

1. 面罩总成

（1）使用中性洗涤剂在40 ℃以下温水中清洗，不可在太阳下暴晒。

（2）使用棉球或软布蘸医用酒精对面罩和口鼻罩进行擦拭消毒。

2. 供气阀总成

（1）使用海绵或软布擦拭供气阀外表面明显污渍，用水冲洗供气阀时，防止水进入供气阀内部，严禁将供气阀直接浸入水中。

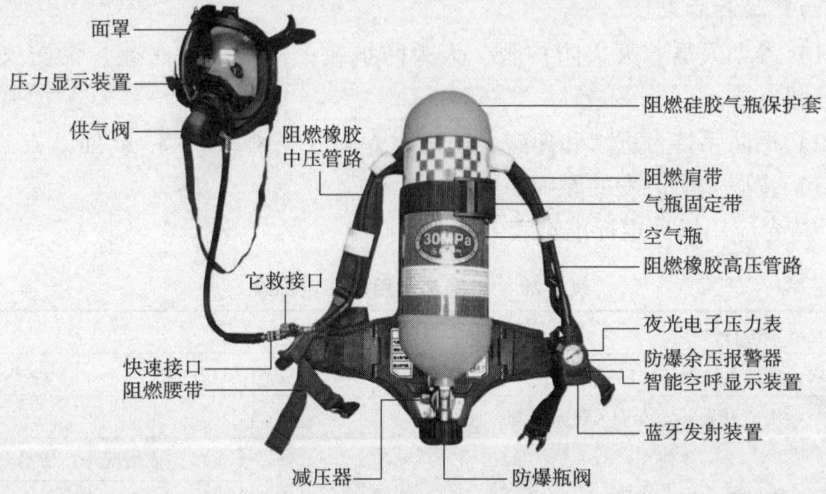

图 1-21　正压式空气呼吸器

（2）若供气阀与面罩为非一体式，使用少许硅脂均匀涂抹在供气阀密封垫圈上，使供气阀更容易与面罩连接，减少磨损。

（3）若中压导气管与供气阀为螺纹连接式，检查并拧紧导管连接口。

3. 背托总成

及时擦拭表面污渍，将肩带、腰带调整至最大，便于快速穿戴。

4. 减压器总成

及时擦拭表面污渍，防止将水渗入中高压导气管、报警器装置内，避免引起减压器故障，影响呼吸器使用寿命。

5. 气瓶总成

（1）及时擦拭表面污渍，观察气瓶上是否有物理损伤（外部环氧树脂保护层破损）和受高温或火焰炙烤造成的热损伤，若发现以上情况，应立即停止使用。

（2）补充气量，使其符合战备要求。

（四）正压式空气呼吸器检测方法与步骤

（1）检测面罩气密性，将供气阀与面罩连接。

（2）左手将面罩与面部紧密贴合，右手按住供气阀导管入口。

（3）用力吸气，如明显感觉吸气受阻，无法吸入空气，则说明气密性良好。

（4）整机性能检测，将各总成连接，打开气瓶阀开关，关闭节气开关。

（5）戴上面罩，深吸一口气，供气阀自动开启供气，调节呼吸频率检查供气是否正常。

（6）观察压力表读数是否达到使用规定要求（一般在 25 MPa 以上），关闭节气开关并取下面罩。

（7）关闭气瓶开关并读取压力表读数，连续读取压力表读数 1 min，如压力降低无明显变化，则说明系统气密性良好。

（8）余气报警器性能检测，打开节气开关缓慢排除管内余气，待压力表降低至 5 ~6 MPa 时，观察是否会发出持续警报响声。

通过以上八个步骤的自检，若没有问题，则空气呼吸器可以正常使用。

（五）常见故障排除

（1）将面罩佩戴好以后，面罩内有持续的气流流出。

原因分析及故障排除：

①面罩与脸部贴合不严密。重新佩戴面罩调整头带，避免面罩与脸部之间有缝隙、多余物。

②面罩与供气阀安装处漏气。检查连接口是否有异物，更换供气阀密封圈。

③呼气阀处漏气。清洁呼气阀结合处，呼气阀损坏的应进行更换。

（2）气瓶阀打开后，减压器手轮与气瓶连接处持续漏气。

原因分析及故障排除：

①减压器手轮与气瓶连接不严密或存在异物。清除连接处异物或重新将减压器手轮与气瓶进行连接紧固。

②手轮上密封件损坏或无密封件。将损坏的密封圈取出并更换新的密封圈。

（3）余气报警器在 5 ~6 MPa 时没有发出报警声。

原因分析及故障排除：报警哨口被堵或表面有污渍。清除报警器表面和内部污渍、异物。

二、空气呼吸器的佩戴与卸装操

（一）训练目的

通过训练，使参训人员掌握空气呼吸器佩戴与卸装的方法和步骤。

（二）场地器材

在训练场上标出起点线，起点线前放置空气呼吸器 1 具（背托向上，气瓶开关向前，面罩放于右侧，正面向上），如图 1-22 所示。

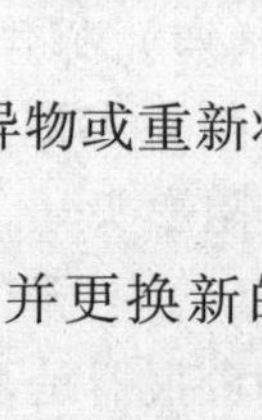

图 1-22　空气呼吸器

（三）操作程序

（1）参训人员在起点线一侧 3 m 处站成一列横队。

（2）听到“第一名出列”的口令，参训人员答“是”，并跑至起点线面向指挥员呈立正姿势。

(3) 听到“准备”的口令，参训人员检查器材，做好操作准备。

(4) 听到“开始”的口令，参训人员单膝跪地，取下头盔，将阻燃头套通过面部开口围绕在颈部。双手握住背托将空气呼吸器举过头顶，双臂插入肩带，背好空气呼吸器，调整肩带，扣牢腰带。打开气瓶开关，戴好面罩，拉紧系带，将阻燃头套从开口部拉起，使头套覆盖呼吸器面罩边缘。连接供气阀，深呼吸 1 ~ 2 次，呼吸正常后，戴好头盔，系紧盔带。再进行卸装程序，卸下供气阀，同时关闭节气开关。摘下头盔，置于地面，将阻燃头套拉至颈部，松开面罩系带，取下面罩。右手紧握气瓶阀，顺时针旋转关闭气瓶开关。打开腰带，反向调节使肩带松弛，左手握着压力表导管、中压导管，右肩放松使肩带滑落，将背托在身前旋转置于地面。打开冲泄阀，泄放余气后喊“好”。

(5) 听到“操作完毕”的口令，参训人员将器材复位，面向指挥员喊“好”。

(6) 听到“入列”的口令，参训人员答“是”，并跑步入列。

(四) 操作要求

(1) 参训人员着灭火防护服、灭火防护靴，佩戴消防头盔、消防安全腰带、阻燃头套。

(2) 打开气瓶阀时，要观察气瓶压力，同时听警报器声音，判断气瓶压力和警报器是否符合要求。

(3) 肩带、腰带松紧适宜，确保佩戴后背托紧贴身体。

(4) 气瓶阀开启应超过 3 圈。

(5) 佩戴好面罩以后，要按要求对面罩气密性进行检查。

(6) 卸装动作连贯，装备勿与地面或其他物品发生磕碰。

(7) 卸装时肩带、腰带、面罩系带要松开至最大位置。

空气呼吸器佩戴与卸装操评定标准见表 1-21。

表 1-21 空气呼吸器佩戴与卸装操评定标准

<table>
<tr><td colspan="6">任务：50 s 内完成佩戴，40 s 内完成卸装</td></tr>
<tr><td colspan="6">考核要求：参训人员能够完成项目操作</td></tr>
<tr><td colspan="6">考核指令：计时从“开始”至参训人员喊“好”止</td></tr>
<tr><td rowspan="2">序号</td><td rowspan="2">评 判 要 点</td><td colspan="2">单项完成情况</td><td colspan="2">综合评定</td></tr>
<tr><td>完成</td><td>未完成</td><td>合格</td><td>不合格</td></tr>
<tr><td>1</td><td>按操作要求着装</td><td></td><td></td><td></td><td></td></tr>
<tr><td>2</td><td>单膝跪地，取下头盔，将阻燃头套通过面部开口围绕在颈部</td><td></td><td></td><td></td><td></td></tr>
<tr><td>3</td><td>双手握住背托将空气呼吸器举过头顶，双臂插入肩带，背好空气呼吸器，调整肩带，扣牢腰带</td><td></td><td></td><td></td><td></td></tr>
</table>

续表

序号	评判要点	单项完成情况		综合评定	
		完成	未完成	合格	不合格
4	打开气瓶开关，戴好面罩，拉紧系带，将阻燃头套从开口部拉起，使头套覆盖呼吸器面罩边缘				
5	连接供气阀，深呼吸 1～2 次，呼吸正常后，戴好头盔，系紧盔带				
6	计时从发出“开始”口令至喊“好”止，50 s 内完成操作				
7	卸下供气阀，同时关闭节气开关				
8	摘下头盔，置于地面，将阻燃头套拉至颈部，松开面罩系带，取下面罩				
9	右手紧握气瓶阀，顺时针旋转关闭气瓶开关				
10	打开腰带，反向调节使肩带松弛，左手握着压力表导管、中压导管，右肩放松使肩带滑落，将背托在身前旋转置于地面				
11	打开冲泄阀，泄放余气				
12	按照操作程序完成任务				
13	佩戴动作 50 s 内，卸装动作 40 s 内完成操作				
备注：任意一项未完成，综合评定“不合格”。					

三、空气呼吸器共用技术

（一）训练目的

通过训练，使参训人员熟练掌握在火场中队友之间空气呼吸器低压报警、气量耗尽或面罩、供气阀损坏等情况下的紧急救助措施。

（二）场地器材

在训练场上标出起点线，距起点线 5 m 处训练垫上设置操作区，参训人员着灭火防护服全套，保持正常供气状态。

（三）操作程序

方法一：他救接口共用（适用于气量即将耗尽、面罩完好的情况）。

（1）提醒队友空气呼吸器气量耗尽。1 号员拍 2 号员用压力表示意压力不足或空气耗尽，2 号员回应收到。

（2）准备更换。2 号员将他救接口握在手里，1 号员迅速将供气阀导管拔出。

（3）完成共用。1 号员将供气阀导管插入 2 号员他救接口，并示意 2 号员供气正常，两人协同配合，尽快撤离火场。

方法二：面罩共用技术（适用于面罩或供气阀损坏的情况）。

（1）提醒队友空气呼吸器面罩或供气阀损坏。1 号员轻拍 2 号员，手指面罩示意本人面罩或供气阀损坏，2 号员回应收到。

（2）脱下面罩。1、2 号员将头盔和面罩取下，1 号员先用手套或阻燃头套捂住口鼻，2 号员将面罩头带翻过目镜，做好面罩共用准备。

（3）共用面罩。2 号员轻拍 1 号员示意准备吸气，1 号员接过面罩吸气 2 次，2 号员轻拍 1 号员示意交换吸气。两人交替使用面罩过程中，分别将头盔、手套戴上，两人协同配合，尽快撤离火场。

（四）操作要求

（1）在操作此科目时，始终保持低姿，避免吸入高温烟气。

（2）使用面罩共用技术时，由 2 号员掌控呼吸频次，提醒交换，不得争抢面罩。

（3）使用面罩共用技术时，队员之间交换要相对靠近，防止空气大量泄漏。

四、空气呼吸器耗尽呼吸保护技术

（一）训练目的

通过训练，使参训人员熟练掌握空气呼吸器耗尽紧急情况下的呼吸保护方法。

（二）场地器材

在训练场上标出起点线，起点线前 5 m 处训练垫上设置操作区，参训人员着全套灭火防护装备，保持正常供气状态。

（三）操作程序

方法一：操作人员低姿行进至操作区，将帽带解开，打开领口拉出阻燃头套，再将领口复位，打开面罩下方与下颚贴合处，将阻燃头套塞入面罩内，使空气从阻燃头套进入面罩内，让阻燃头套起到过滤作用，扣好帽带，快速撤离火场。

方法二：操作人员低姿行进至操作区，打开领口拉出阻燃头套，再将领口复位，取下供气阀，利用阻燃头套折叠两层以上捂住面罩进气口，形成过滤层，面罩与供气阀无法分离的，用阻燃头套捂住进气口，快速撤离火场。

方法三：操作人员低姿行进至操作区，将手套、头盔、面罩及阻燃头套取下，再将头盔、手套戴上，利用阻燃头套折叠两层以上捂住口鼻，起到过滤作用，迅速撤离火场。

（四）操作要求

（1）方法一、方法二适用于面罩完好的情况，方法三适用于面罩损坏的情况。

（2）利用阻燃头套过滤时，在条件允许的情况下尽量将阻燃头套润湿，以更好地过滤烟气。

（3）面罩损坏的情况下，用阻燃头套捂住口鼻，应尽可能贴近地面。

（4）使用此方法时，尽可能低姿避开高温烟气，保持镇定，调整呼吸。

五、空气呼吸器全脱、半脱技术

（一）训练目的

通过训练，使参训人员熟练掌握空气呼吸器全脱、半脱技术，在搜救被困人员、紧急撤离、火场脱困等情况下穿越狭小空间。

（二）场地器材

在训练场上标出起点线，起点线前 5 m 处标出器材线，器材线上设置障碍柜 1 个。

（三）操作程序

（1）评估现场环境安全。操作人员低姿行进至障碍物位置，1 号员利用热成像仪充分评估空间大小，评估障碍物前后左右是否安全，并确认空气呼吸器全脱或半脱通过。

（2）脱卸空气呼吸器。确认全脱或半脱通过，1 号员示意后方队员全脱或半脱通过。1、2 号员解开腰带，从左至右（具体根据空气呼吸器导管所在位置确定）脱下空气呼吸器或将空气呼吸器转移至右侧或胸前，整理肩带、腰带，避免在穿越时与障碍物发生缠绕，导致气瓶关闭。

（3）佩戴空气呼吸器。通过障碍物后，按照从右至左（具体根据空气呼吸器导管所在位置确定）的顺序将空气呼吸器佩戴好，操作完成，举手喊“好”。

（四）操作要求

（1）在穿越过程中，保持低姿探步行进，注意队员之间应互相沟通。

（2）穿越前应充分评估障碍物环境是否安全，防止发生跌落。

（3）穿越过程中，注意保护供气阀，避免与障碍物缠绕和磕碰，导致气瓶阀关闭。

（4）在脱卸和穿戴空气呼吸器的过程中，应注意脱卸顺序，避免缠绕。

六、空气呼吸器快速更换技术

（一）训练目的

通过训练，使参训人员掌握火场内攻时空气呼吸器余气即将耗尽或空气呼吸器气瓶（阀）、背托、减压阀总成损坏的情况下快速更换空气呼吸器的方法。

(二) 场地器材

在训练场上标出起点线，起点线前 1 m 处训练垫上放置备用空气呼吸器 1 具（不含面罩），参训人员着全套灭火防护装备。

(三) 操作程序

(1) 准备空气呼吸器。将备用空气呼吸器放置于自己身前，打开气瓶开关，找到供气阀连接口。

(2) 连接供气导管。关闭自身气瓶，取下自身供气阀导管，连接备用空气呼吸器。

(3) 更换空气呼吸器。将原来的空气呼吸器卸下，解开自身背负空气呼吸器肩带及腰带，换上备用空气呼吸器，并调整肩带、腰带至舒适位置，操作完成后举手喊“好”。

(四) 操作要求

(1) 确保供气阀及面罩完整好用。

(2) 带压插拔导管应快速准确。

(3) 脱卸和背负空气呼吸器时，应注意顺序，防止供气导管缠绕。

七、佩戴空气呼吸器行动技术操

(一) 训练目的

通过训练，使参训人员掌握佩戴空气呼吸器的行动方式，以及静止、平地行走、沿楼梯向上或沿楼梯向下等行动状态下的呼吸方法。

(二) 场地器材

在训练塔前 10 m 标出起点线，如图 1-23 所示。

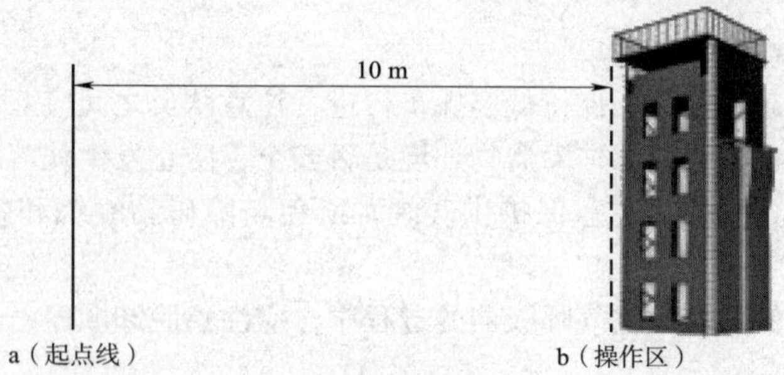

图 1-23　佩戴空气呼吸器行动技术操场地示意图

(三) 操作程序

(1) 参训人员在起点线一侧 3 m 站成一列横队。

(2) 听到“第一名出列”的口令，参训人员答“是”，并跑至起点线面向指挥员呈立正姿势。

（3）听到“准备”的口令，参训人员检查器材，做好操作准备。

（4）听到“开始”的口令，参训人员站在起点线上，原地不动，调整呼吸频率，用嘴缓慢吸气，默数“1、2、3、4”，用鼻腔缓慢呼出，呼吸周期控制在4 s左右，保持3 min。听到“行进”口令，按预设路线行进，呼吸配合行进方式，控制在4步1呼吸或5步1呼吸，保持3 min。到达台阶处，开始向上行进，身体保持前倾姿势，呼吸配合行进方式，控制在3步1呼吸或4步1呼吸，保持2 min。行进至楼梯顶部，开始返回下台阶，注意调整身体姿势，适当低头，确保能避开供气阀对视线的遮挡，呼吸配合行进方式，控制在3步1呼吸或4步1呼吸，保持2 min。到达地面后，采用平地行走方式返回起点线前喊“好”。

（5）听到“操作完毕”的口令，参训人员将器材复位，面向指挥员喊“好”。

（6）听到“入列”的口令，参训人员答“是”，并跑步入列。

（四）操作要求

（1）参训人员着灭火防护服、灭火防护靴，佩戴消防头盔、消防安全腰带、阻燃头套、安全绳、腰斧、呼救器（与方位灯合一）、防爆照明灯、消防手套、正压式空气呼吸器（容积≥6. 8 L、气瓶压力≥25 MPa）。

（2）呼吸过程中采用深呼吸的方法。

（3）呼吸周期控制在4 ~6 s。

（4）佩戴空气呼吸器行进训练，不得奔跑。

（5）行动方式变换后尽快调整呼吸节奏，既要符合方法要求，也要符合个人体感舒适。

佩戴空气呼吸器行动技术操评定标准见表1-22。

表1-22　佩戴空气呼吸器行动技术操评定标准

<table>
<tr><td colspan="6">任务：完成佩戴空气呼吸器行动技术</td></tr>
<tr><td colspan="6">考核要求：参训人员能够完成项目操作</td></tr>
<tr><td colspan="6">考核指令：计时从“开始”至参训人员喊“好”止</td></tr>
<tr><td rowspan="2">序号</td><td rowspan="2">评判要点</td><td colspan="2">单项完成情况</td><td colspan="2">综合评定</td></tr>
<tr><td>完成</td><td>未完成</td><td>合格</td><td>不合格</td></tr>
<tr><td>1</td><td>按操作要求着装</td><td></td><td></td><td></td><td></td></tr>
<tr><td>2</td><td>站在起点线上，原地不动，调整呼吸频率，用嘴缓慢吸气，默数“1、2、3、4”，用鼻腔缓慢呼出，呼吸周期控制在4 s左右，保持3 min</td><td></td><td></td><td></td><td></td></tr>
</table>

续表

序号	评判要点	单项完成情况		综合评定	
		完成	未完成	合格	不合格
3	听到“行进”口令，按预设路线行进，呼吸配合行进方式，控制在4步1呼吸或5步1呼吸，保持3 min				
4	到达台阶处，开始向上行进，身体保持前倾姿势，呼吸配合行进方式，控制在3步1呼吸或4步1呼吸，保持2 min				
5	行进至楼梯顶部，开始返回下台阶，注意调整身体姿势，适当低头，确保能避开供气阀对视线的遮挡，呼吸配合行进方式，控制在3步1呼吸或4步1呼吸，保持2 min				
6	到达地面后，采用平地行走方式返回起点线				
7	按照操作程序完成任务				
备注：任意一项未完成，综合评定“不合格”。					

八、立姿穿衣式佩戴空气呼吸器操

（一）训练目的

通过训练，使参训人员掌握在黑暗环境下立姿穿衣式佩戴空气呼吸器的方法和要求。

（二）场地器材

在训练场上标出起点线，起点线前放置空气呼吸器1具（背托向上，气瓶开关向前），如图1-24所示。

（三）操作程序

（1）参训人员在起点线一侧3 m站成一列横队。

（2）听到“第一名出列”的口令，参训人员答“是”，并跑至起点线面向指挥员呈立正姿势。

（3）听到“准备”的口令，参训人员检查器材，做好操作准备。

（4）听到“开始”的口令，参训人员双手紧握空气呼吸器肩带，站立提起空气呼吸器，按照“穿衣”方式佩戴空气呼吸器，收紧肩带腰带，打开气瓶开关，解下消防头盔，戴好面罩，拉紧系带，将阻燃头套从开口部拉起，使头套覆盖呼吸器面罩边缘。连接供气阀，深呼吸1～2次，呼吸正常后，戴好头盔，系紧盔带，举手示意喊“好”。

图1-24　立姿穿衣式佩戴空气呼吸器操器材示意图

（5）听到“操作完毕”的口令，参训人员将器材复位，面向指挥员喊“好”。

（6）听到“入列”的口令，参训人员答“是”，并跑步入列。

（四）操作要求

（1）参训人员着灭火防护服、灭火防护靴，佩戴消防头盔、消防安全腰带、阻燃头套。

（2）佩戴前调整肩带、腰带。

（3）佩戴后收紧肩带、腰带、面罩收紧带。

立姿穿衣式佩戴空气呼吸器操评定标准见表1-23。

表1-23　立姿穿衣式佩戴空气呼吸器操评定标准

任务：完成立姿穿衣式佩戴空气呼吸器					
考核要求：参训人员能够完成项目操作					
考核指令：计时从“开始”至参训人员喊“好”止					
序号	评判要点	单项完成情况		综合评定	
		完成	未完成	合格	不合格
1	按操作要求着装				
2	佩戴全面罩，拉紧系带，检查气密性				
3	打开气瓶阀门三圈以上，正常供气				
5	收紧肩带、腰带				
6	按照操作程序完成任务				
备注：任意一项未完成，综合评定“不合格”。					

九、躺姿穿衣式佩戴空气呼吸器操

（一）训练目的

通过训练，使操作人员掌握在黑暗环境下躺姿穿衣式佩戴空气呼吸器的方法和要求。

（二）场地器材

在训练场上标出起点线，起点线前放置空气呼吸器1具（背托向上，气瓶开关向前），如图1-25所示。

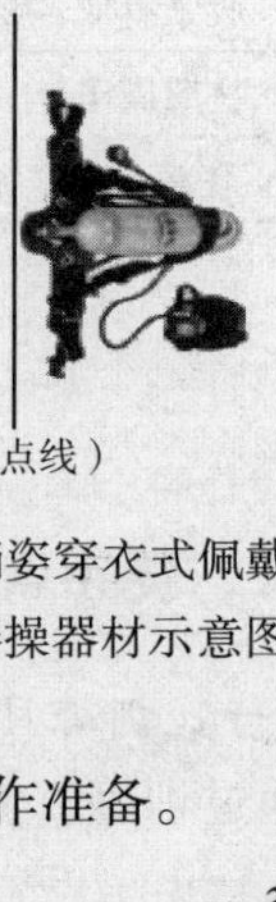

a（起点线）

图1-25　躺姿穿衣式佩戴空气呼吸器操器材示意图

（三）操作程序

（1）参训人员在起点线一侧3 m站成一列横队。

（2）听到“第一名出列”的口令，参训人员答“是”，并跑至起点线面向指挥员呈立正姿势。

（3）听到“准备”的口令，参训人员检查器材，做好操作准备。

（4）听到“开始”的口令，解下消防头盔置于一侧，戴好面罩，拉紧系带，将阻燃头套从开口部拉起，使头套覆盖呼吸器面罩边缘。打开气瓶开关，连接供气阀，深呼吸1～2次，呼吸正常后，戴好头盔，系紧盔带。整理空气呼吸器肩带腰带，置于右小臂下，准备佩戴空气呼吸器。右手插入肩带，散开腰带和肩带，身体向左翻滚，左手摸肩带和腰带连接处，顺势将左手插入肩带，调整肩带，扣牢腰带后喊“好”。

（5）听到“操作完毕”的口令，参训人员将器材复位，面向指挥员喊“好”。

（6）听到“入列”的口令，参训人员答“是”，并跑步入列。

（四）操作要求

（1）参训人员着灭火防护服、灭火防护靴，佩戴消防头盔、消防安全腰带、阻燃头套。

（2）佩戴前调整肩带、腰带。

（3）佩戴后收紧肩带、腰带、全面罩头颈带。

躺姿穿衣式佩戴空气呼吸器操评定标准见表1-24。

表1-24 躺姿穿衣式佩戴空气呼吸器操评定标准

任务：完成躺姿穿衣式佩戴空气呼吸器					
考核要求：参训人员能够完成项目操作					
考核指令：计时从“开始”至参训人员喊“好”止					
序号	评判要点	单项完成情况		综合评定	
		完成	未完成	合格	不合格
1	按操作要求着装				
2	佩戴全面罩，拉紧系带，检查气密性				
3	打开气瓶阀门三圈以上，正常供气				
4	收紧肩带、腰带				
5	按照操作程序完成任务				
备注：任意一项未完成，综合评定“不合格”。					

第四节 救人方法

一、徒手背式救人操

（一）训练目的

通过训练，使参训人员掌握徒手背式救人的方法及操作要领。

（二）场地器材

在训练场上标出起点线，距起点线 10 m 标出救人线，起点线、救人线各设垫子 1 张，设辅助人员 1 名充当被救者，如图 1-26 所示。

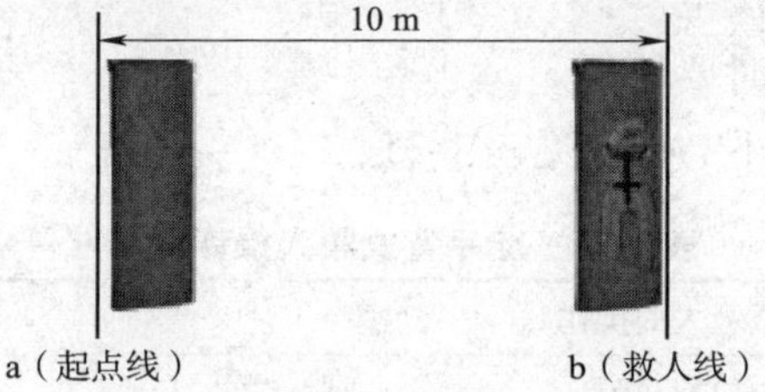

图 1-26　徒手背式救人操场地示意图

（三）操作程序

（1）参训人员在起点线一侧 3 m 处站成一列横队。

（2）听到“第一名出列”的口令，参训人员答“是”，并跑至起点线面向指挥员呈立正姿势。

（3）听到“准备”的口令，参训人员摆正被救者体位，做好操作准备。

（4）听到“开始”的口令，参训人员跑至救人线处，侧卧于其一侧，背与其胸相靠，握住其手腕，腿伸入其被救者膝下，转体使被救者俯卧在背上，手臂支撑地面的同时，单脚屈膝跪地，另一脚向前跨步，然后蹬地挺身起立，双手抱住其双腿，救至起点线垫子处，身体下蹲，使被救者双脚着地，左手抓住其右臂，身体向后转 180°，面向被救者，右脚伸入其两脚之间，右手从其左腋下伸向背部，同时左脚在其右侧前跨一步，使其臀部着地，左手托其头后部，将其放于垫子上，举手示意喊“好”。徒手背式救人操示意图如图 1-27 所示。

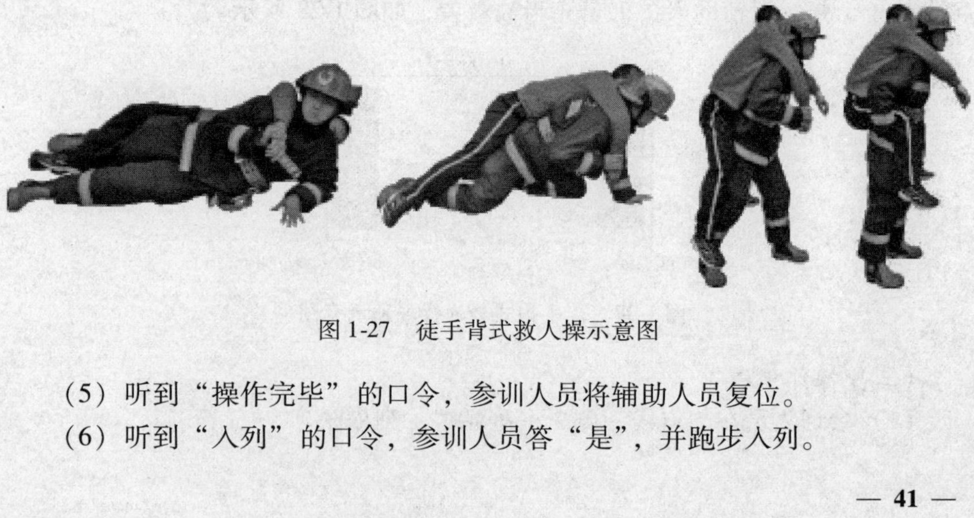

图 1-27　徒手背式救人操示意图

（5）听到“操作完毕”的口令，参训人员将辅助人员复位。

（6）听到“入列”的口令，参训人员答“是”，并跑步入列。

（四）操作要求

（1）参训人员着灭火防护服、灭火防护靴，佩戴消防头盔、消防安全腰带、阻燃头套。

（2）救人动作要规范。

（3）放下被救者时要轻缓。

徒手背式救人操评定标准见表 1-25。

表 1-25 徒手背式救人操评定标准

任务：120 s 内完成徒手背式救人的操作					
考核要求：参训人员能够完成项目操作					
考核指令：计时从“开始”至参训人员喊“好”止					
序号	评判要点	单项完成情况		综合评定	
		完成	未完成	合格	不合格
1	按照操作要求着装				
2	救助过程中，被救者不得着地				
3	按照操作程序完成				
4	120 s 内完成操作				
备注：任意一项未完成，综合评定“不合格”。					

二、徒手抱式救人操

（一）训练目的

通过训练，使参训人员掌握徒手抱式救人的方法及操作要领。

（二）场地器材

在训练场上标出起点线，距起点线 10 m 处标出救人线。起点线、救人线各设垫子 1 张，设辅助人员 1 名充当被救者，如图 1-28 所示。

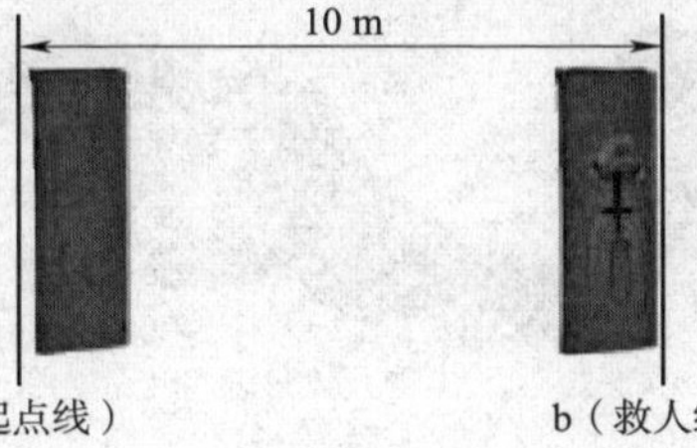

图 1-28 徒手抱式救人操场地示意图

（三）操作程序

（1）参训人员在起点线一侧 3 m 处站成一列横队。

（2）听到“第一名出列”的口令，参训人员答“是”，并跑至起点线面向指挥员呈立正姿势。

（3）听到“准备”的口令，参训人员摆正被救者体位，做好操作准备。

（4）听到“开始”的口令，参训人员跑至救人线处，左（右）膝跪地，左（右）手伸入被救者颈部，右（左）手拉其右（左）臂，将上体扶起，使被救者右（左）手搭于肩上，左（右）手搂住其背部，右（左）手抱住双腿，救至起点线垫子处，左（右）膝跪地，使其臀部着地，将被救者右（左）手放于身前，左（右）手托其后部放于垫子上，举手示意喊“好”。

徒手抱式救人操示意图如图 1-29 所示。

图 1-29　徒手抱式救人操示意图

（5）听到“操作完毕”的口令，参训人员将辅助人员复位。

（6）听到“入列”的口令，参训人员答“是”，并跑步入列。

（四）操作要求

（1）参训人员着灭火防护服、灭火防护靴，佩戴消防头盔、消防安全腰带、阻燃头套。

（2）救人动作要规范。

（3）放下被救者时要轻缓。

徒手抱式救人操评定标准见表 1-26。

表 1-26　徒手抱式救人操评定标准

任务：60 s 内完成徒手抱式救人的操作					
考核要求：参训人员能够完成项目操作					
考核指令：计时从“开始”至参训人员喊“好”					
序号	评判要点	单项完成情况		综合评定	
		完成	未完成	合格	不合格
1	按照操作要求着装				
2	救助过程中，被救者不得着地				

续表

序号	评判要点	单项完成情况		综合评定	
		完成	未完成	合格	不合格
3	按照操作程序完成任务				
4	60 s 内完成操作				
备注：任意一项未完成，综合评定“不合格”。					

三、徒手肩式救人操

（一）训练目的

通过训练，使参训人员掌握徒手肩式救人的操作方法。

（二）场地器材

在训练场上标出起点线，距起点线 10 m 处标出救人线，起点线、救人线各设垫子 1 张，设辅助人员 1 名充当被救者，如图 1-30 所示。

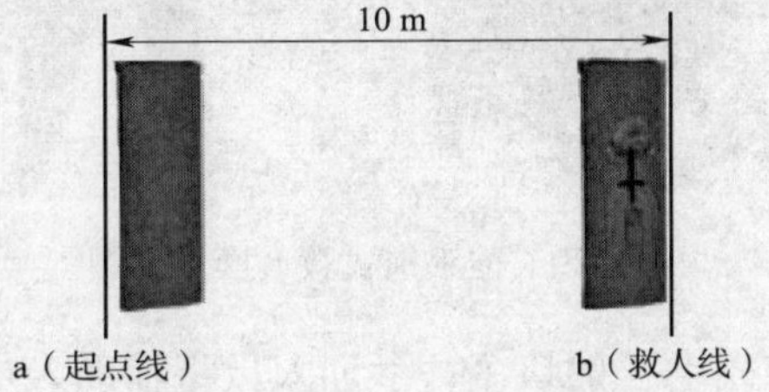

图 1-30　徒手肩式救人操场地示意图

（三）操作程序

（1）参训人员在起点线一侧 3 m 站成一列横队。

（2）听到“第一名出列”的口令，参训人员答“是”，并跑至起点线面向指挥员呈立正姿势。

（3）听到“准备”的口令，参训人员摆正被救者体位检查器材，做好操作准备。

（4）听到“开始”的口令，参训人员跑至救人线处，在被救者左侧，将被救者两脚并拢，右手平直靠其身体右侧，左手手心向外、手背压于两眼，右手抓住被救者肩部右侧上衣，左手抓住其右侧裤管，将其转体成俯卧状；在被救者头部处左膝跪地，将双手伸入被救者两腋下，双手扶其背部，挺身起立，使其上身靠于左肩并骑坐于左大腿上；上体前倾，右手握住其左手腕向前拉紧，左手从其两腿之间穿过，并抱住其左大腿，两腿同时用力，直体起立，左手握住其左手腕，肩扛至起点线垫子处；左脚成弓步上体前倾，使被救者双脚着地，右手握住被救者左手，左手从其腋下伸向背部，左前臂挽住其上体，救到起点线垫子处，使其臀部着地，右脚前跨一步，右手扶其头后部，使其平卧于垫子上，举手示意并喊“好”，如图 1-31 所示。

图 1-31 徒手肩式救人操示意图

（5）听到“操作完毕”的口令，参训人员将辅助人员复位。

（6）听到“入列”的口令，参训人员答“是”，并跑步入列。

（四）操作要求

（1）参训人员着灭火防护服、灭火防护靴，佩戴消防头盔、消防安全腰带、阻燃头套。

（2）救人动作要规范。

（3）放下被救者时要轻缓。

徒手肩式救人操评定标准见表 1-27。

表 1-27 徒手肩式救人操评定标准

任务：90 s 内完成徒手肩式救人的操作					
考核要求：参训人员能够完成项目操作					
考核指令：计时从“开始”至参训人员喊“好”止					
序号	评判要点	单项完成情况		综合评定	
		完成	未完成	合格	不合格
1	按照操作要求着装				
2	救助过程中，被救者不得着地				
3	按照操作程序完成				
4	90 s 内完成操作				
备注：任意一项未完成，综合评定“不合格”。					

第五节　消防梯攀登

一、架设六米拉梯操

（一）训练目的

通过训练，使参训人员掌握竹制六米拉梯架设的操作方法。

（二）场地器材

在训练塔前 15 m 标出起点线，起点线后放置六米拉梯 1 部，梯脚向前，踢脚起算第五档与起点线齐，距起点线 10 m 标出卸梯线，距塔基 1～1. 5 m 标出架梯区，预设辅助人员 1 人保护，如图 1-32 所示。

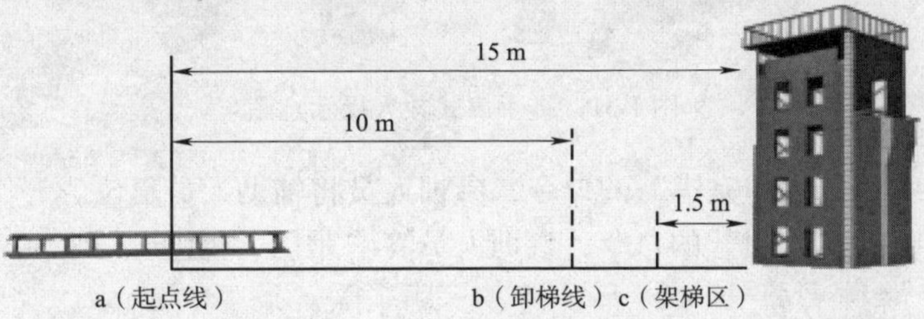

图 1-32　架设 6 m 拉梯操场地示意图

（三）操作程序

（1）参训人员在起点线一侧 3 m 处站成一列横队。

（2）听到“第一名出列”的口令，前 1 名参训人员答“是”，并跑至起点线面向指挥员呈立正姿势。

（3）听到“准备”的口令，参训人员站于六米拉梯左侧第五档处，梯绳搭在五至七档梯梁上，左脚在前，右脚在后，梯脚对准训练一侧窗口右端约三分之一处，做好操作准备。

（4）听到“开始”的口令，参训人员起梯上肩，跑向训练塔，梯脚进入卸梯区脱肩卸梯，借助右腿及腰部力量将六米拉梯竖于架梯区。双手交替拉绳，锁梯后将拉梯架靠在第 2 层窗台。参训人员逐级攀登进入窗内，双脚着地，面向窗外举手示意喊“好”。

（5）听到“操作完毕”的口令，参训人员将器材复位，面向指挥员喊“好”。

（6）听到“入列”的口令，参训人员答“是”，并跑步入列。

（四）操作要求

（1）参训人员着灭火防护服、灭火防护靴，佩戴消防头盔、消防安全腰带、阻燃头套、消防手套。

（2）操作时，参训人员必须起梯上肩。

（3）保护人员必须戴手套，拉梯靠窗后方可扶梯梁保护，严禁将手伸入梯磴内。

（4）升梯时，双手不得同时松开拉绳，防止内梯滑落。

（5）梯脚必须架在架梯区内，拉梯上端必须超过窗台 2 个梯磴。

（6）拉梯未锁定或架在窗框外时严禁攀登。

架设竹制六米拉梯操评定标准见表 1-28。

表 1-28　架设竹制 6 m 拉梯操评定标准

任务：16 s 内架设竹制 6 m 拉梯					
考核结果：参训人员能够完成项目操作					
考核指令：计时从“开始”至参训人员喊“好”止					
序号	评 判 要 点	单项完成情况		综合评定	
		完成	未完成	合格	不合格
1	按操作要求着装				
2	梯脚向前，踢脚起算第五档与起点线齐				
3	操作时，梯子上肩，六米拉梯梯脚在架梯区				
4	升梯时，双手不得同时松开拉绳，防止内梯滑落				
5	梯脚必须架在架梯区内，拉梯上端必须超过窗台 2 个梯磴				
6	拉梯未锁定或架在窗框外时严禁攀登				
7	按照操作程序完成任务				
8	16 s 内完成操作				
备注：任意一项未完成，综合评定“不合格”。					

二、攀爬挂钩梯（竹制）操

（一）训练目的

通过训练，使参训人员掌握挂钩梯（竹制）登高的操作要领和方法，如图 1-33 所示。

（二）场地器材

在训练塔前 1 m 标出起点线。将挂钩梯（竹制）预先挂于训练塔二楼窗台右侧，训练塔预先设置安全保护绳 1 根，预设辅助人员 2 人保护。

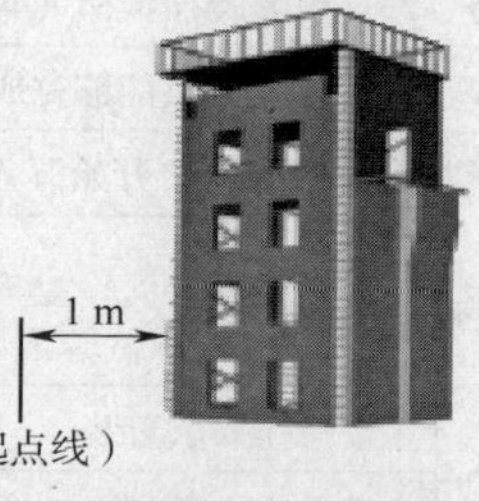

图 1-33　攀爬挂钩梯（竹制）操场地示意图

（三）操作程序

（1）参训人员在起点线一侧 3 m 处站成一列横队。

（2）听到“第一名出列”的口令，参训人员答“是”，并跑至起点线面向指挥员呈立正姿势。

（3）听到“准备”的口令，参训人员将安全保护绳上的安全钩扣于腰带上，双手握住梯梁，梯钩脱离窗台，两梯脚抵靠塔基，两脚前后站立，做好操作准备。

（4）听到“开始”的口令，参训人员将梯钩挂于窗台，逐级向上攀登，左脚利用右脚蹬力跨坐于窗台，左小腿钩住窗台内侧，右脚紧贴塔壁，上体稍向外倾，左手支撑窗台，右手提起挂钩梯，同时外转90°，左手下伸握住梯梁，双手交替向上升梯，当梯钩高于第三层窗台时，双手握梯梁内转90°，挂于第三层窗台，右脚蹬第一档并转身，左脚蹬窗台，逐级向上攀登，依次攀登至第四层窗口处，右脚蹬梯档，双手正握梯首，左脚上抬伸入窗内，利用双手支撑力和右脚蹬力转身进入窗内，双脚着地，面向窗口，举右手示意喊“好”。

（5）听到“操作完毕”的口令，参训人员将器材复位，面向指挥员喊“好”。

（6）听到“入列”的口令，参训人员答“是”，并跑步入列。

（四）操作要求

（1）参训人员着灭火防护服、灭火防护靴，佩戴消防头盔、消防安全腰带、阻燃头套、消防手套。

（2）挂钩梯（竹制）的挂钩露出窗台不得超过2齿。

（3）逐级攀爬，双手间隔抓档，双手不得同时脱离梯档。

（4）进窗时，两脚未着地时双手不能同时脱离梯档。

（5）操作时，安全防护措施要到位。

攀爬挂钩梯（竹制）操评定标准见表1-29。

表1-29　攀爬挂钩梯（竹制）操评定标准

任务：25 s内攀爬挂钩梯（竹制）					
考核要求：参训人员能够完成项目操作					
考核指令：计时从“开始”至参训人员喊“好”止					
序号	评判要点	单项完成情况		综合评定	
		完成	未完成	合格	不合格
1	按操作要求着装				
2	操作时，手抓梯档，逐级向上攀登				
3	双手间隔抓档，双手不得同时脱离梯档				
4	挂钩梯的挂钩露出窗台不得超过2齿				

续表

序号	评判要点	单项完成情况		综合评定	
		完成	未完成	合格	不合格
5	进窗时，两脚未着地，双手不能同时脱离梯档				
6	按照操作程序完成任务				
7	25 s 内完成操作				
备注：任意一项未完成，综合评定“不合格”。					

第六节 水带铺设

一、二带一枪操

（一）训练目的

通过训练，使参训人员学会铺设两盘 $\phi65$ mm 水带连接水枪的操作方法。

（二）场地器材

在训练场上标出长 39 m、宽 2 m 的操作区并标出起点线和终点线，距起点线 1.5 m、8 m、13 m 分别标出分水器拖止线、水带甩开线、第 2 盘水带甩带线。起点线后放置三分水器 1 只，$\phi65$ mm 水带 2 盘，水枪 1 支，如图 1-34 所示。

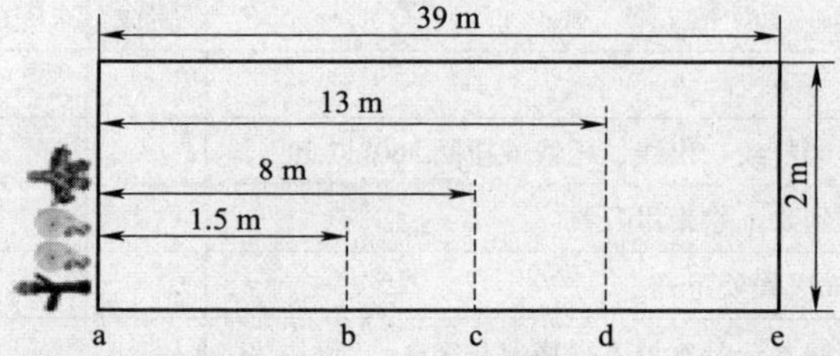

a—起点线；b—分水器拖止线；c—水带甩开线；d—第2盘水带甩带线；e—终点线。

图 1-34 二带一枪操场地示意图

（三）操作程序

（1）参训人员在起点线一侧 3 m 处站成一列横队。

（2）听到“第一名出列”的口令，参训人员答“是”，并跑至起点线面向指挥员呈立正姿势。

（3）听到“准备”的口令，参训人员检查器材，将水枪插于腰间，做好操作准备。

（4）听到“开始”的口令，参训人员迅速向前，手持水带，先甩开第 1 盘水带，一端接上分水器接口，另一端接上第 2 盘水带，然后行至甩带线甩开第2盘水带，连接好水枪，跑至终点线成立射姿势，举手示意，并喊“开水”。

(5) 听到“操作完毕”的口令，参训人员举手示意，并喊“关水”后，将器材复位。

(6) 听到“入列”的口令，参训人员答“是”，并跑步入列。

(四) 操作要求

(1) 参训人员着灭火防护服、灭火防护靴，佩戴消防头盔、消防安全腰带、阻燃头套、消防手套。

(2) 水带未到甩带线不得甩开。

(3) 水带铺设要平直，不得打绞、出线、压线或扭圈360°以上。

(4) 水带各连接处不得脱落，分水器不得拖出0.5 m。

(5) 第1盘水带折边须超出水带甩开线。

(6) 第2盘水带须至甩带线处方可向前甩开。

二带一枪操评定标准见表1-30。

表1-30　二带一枪操评定标准

任务：20 s内完成二带一枪					
考核要求：参训人员能够完成项目操作					
考核指令：计时从“开始”至参训人员喊“开水”止					
序号	评判要点	单项完成情况		综合评定	
		完成	未完成	合格	不合格
1	按操作要求着装				
2	水带铺设平直，不能打绞、出线、压线或扭圈360°以上				
3	第1盘水带折边须到8 m水带甩开线				
4	第2盘水带在13 m甩线处甩开				
5	水带各连接处不得脱落，分水器不得拖出0.5 m				
6	在操作区内完成全部动作				
7	按照操作程序完成任务				
8	20 s内完成操作				
备注：任意一项未完成，综合评定“不合格”。					

二、三带一枪操

(一) 训练目的

通过训练，使参训人员学会铺设3盘ϕ65 mm水带连接水枪的操作方法。

（二）场地器材

在训练场上标出长 58 m、宽 2 m 的操作区并标出起点线和终点线，距起点线 1.5 m、8 m、13 m、33 m 分别标出分水器拖止线、水带甩开线、甩带线。起点线后放置三分水器 1 只，ϕ65 mm 水带 3 盘，水枪 1 支，如图 1-35 所示。

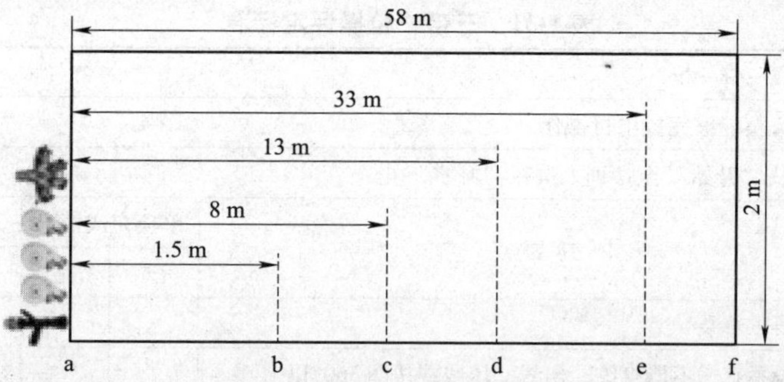

a—起点线；b—分水器拖止线；c—水带甩开线；d—第2盘水带甩带线；e—第3盘水带甩带线；f—终点线。

图 1-35　三带一枪操场地示意图

（三）操作程序

（1）参训人员在起点线一侧 3 m 处站成一列横队。

（2）听到“第一名出列”的口令，参训人员答“是”，并跑至起点线面向指挥员呈立正姿势。

（3）听到“准备”的口令，参训人员检查器材，将水枪插于腰间，做好操作准备。

（4）听到“开始”的口令，参训人员双手分别抓住第 1 盘水带接头，将水带向前甩开，将水带接口与分水器连接，取第 2 盘水带接口与第 1 盘水带接口连接，然后双手各持一盘水带至 13 m 甩带线向前甩开第 2 盘水带，将第 2 盘水带接口与第 3 盘水带接口连接，至 33 m 甩带线向前甩开第 3 盘水带，拔出水枪连接水带，跑至终点线成立射姿势，举手示意，并喊“开水”。

（5）听到“操作完毕”的口令，参训人员举手示意，并喊“关水”后，将器材复位。

（6）听到“入列”的口令，参训人员答“是”，并跑步入列。

（四）操作要求

（1）参训人员着灭火防护服、灭火防护靴，佩戴消防头盔、消防安全腰带、阻燃头套、消防手套。

（2）水带未到甩带线不得甩开。

（3）水带铺设要平直，不得打绞、出线、压线或扭圈 360°以上。

（4）水带各连接处不得脱落，分水器不得拖出 0.5 m。

（5）第 1 盘水带折边须超出水带甩开线。

（6）第 2、3 盘水带须至甩带线处方可向前甩开。

（7）必须在操作区内完成全部动作。

三带一枪操评定标准见表 1-31。

表 1-31　三带一枪操评定标准

<table>
<tr><td colspan="6">任务：30 s 内完成三带一枪</td></tr>
<tr><td colspan="6">考核要求：参训人员能够完成项目操作</td></tr>
<tr><td colspan="6">考核指令：计时从“开始”至参训人员喊“开水”止</td></tr>
<tr><td rowspan="2">序号</td><td rowspan="2">评 判 要 点</td><td colspan="2">单项完成情况</td><td colspan="2">综合评定</td></tr>
<tr><td>完成</td><td>未完成</td><td>合格</td><td>不合格</td></tr>
<tr><td>1</td><td>按操作要求着装</td><td></td><td></td><td></td><td></td></tr>
<tr><td>2</td><td>水带铺设平直，不能打绞、出线、压线或扭圈 360°以上</td><td></td><td></td><td></td><td></td></tr>
<tr><td>3</td><td>第 1 盘水带折边须到达 8 m 水带甩开线</td><td></td><td></td><td></td><td></td></tr>
<tr><td>4</td><td>第 2 盘水带在 9 m 甩带线处甩开</td><td></td><td></td><td></td><td></td></tr>
<tr><td>5</td><td>第 3 盘水带在 33 m 甩带线处甩开</td><td></td><td></td><td></td><td></td></tr>
<tr><td>6</td><td>水带各连接处不得脱落，分水器不得拖出 0.5 m</td><td></td><td></td><td></td><td></td></tr>
<tr><td>7</td><td>在操作区内完成全部动作</td><td></td><td></td><td></td><td></td></tr>
<tr><td>8</td><td>按照操作程序完成任务</td><td></td><td></td><td></td><td></td></tr>
<tr><td>9</td><td>30 s 内完成操作</td><td></td><td></td><td></td><td></td></tr>
<tr><td colspan="6">备注：任意一项未完成，综合评定“不合格”。</td></tr>
</table>

三、水带登高铺设操

（一）训练目的

通过训练，使参训人员学会登高铺设 ϕ80 mm 水带连接分水器的操作方法。

（二）场地器材

距训练塔 5 m 标出起点线，起点线后放置 ϕ80 mm 水带 1 盘，水带挂钩 1 根，在训练塔四楼平台标出分水器线，分水器线上设置三分水器（或二分水器）1 只，如图 1-36 所示。

（三）操作程序

（1）参训人员在起点线侧 3 m 处站成一列横队。

（2）听到“第一名出列”的口令，参训人员答“是”，并跑至起点线面向指挥员呈立正姿势。

（3）听到“准备”的口令，参训人员检查器材，做好操作准备。

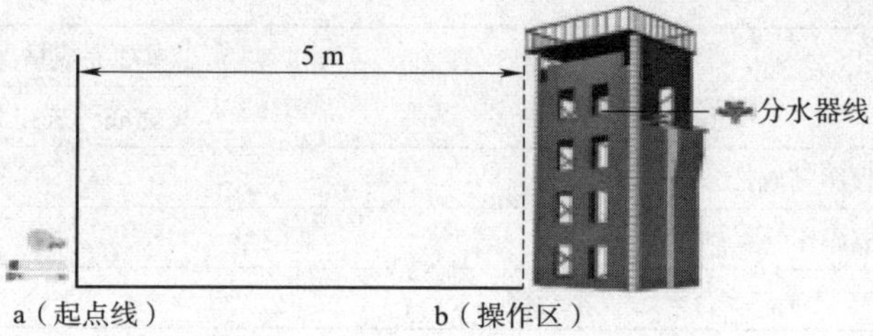

图 1-36 水带登高铺设操场地示意图

（4）听到“开始”的口令，参训人员携 ϕ80 mm（或 ϕ65 mm）水带 1 盘、水带挂钩 1 根，沿楼梯登至四楼平台，在平台甩开水带，水带母口连接分水器，取水带接口从窗口双手交替向下传送至地面，并用水带挂钩将水带固定，整理水带，举手示意，并喊“开水”。

（5）听到“操作完毕”的口令，参训人员将器材复位，面向指挥员喊“好”。

（6）听到“入列”的口令，参训人员答“是”，并跑步入列。

（四）操作要求

（1）参训人员着灭火防护服、灭火防护靴，佩戴消防头盔、消防安全腰带、阻燃头套、消防手套。

（2）水带铺设要平直，不得打绞或扭圈 360°。

（3）水带各连接处不得脱落。

（4）窗口内水带机动长度不得少于 5 m。

（5）使用 ϕ65 mm 水带登高铺设时，可用二分水器替代三分水器。

水带登高铺设操评定标准见表 1-32。

表 1-32 水带登高铺设操评定标准

任务：30 s 内完成水带登高铺设					
考核要求：参训人员能够完成项目操作					
考核指令：计时从“开始”至参训人员喊“开水”止					
序号	评判要点	单项完成情况		综合评定	
		完成	未完成	合格	不合格
1	按操作要求着装				
2	在四楼平台处甩开水带，连接分水器，双手交替下放，挂钩固定水带				
3	水带铺设要平直，不得打绞或扭圈 360°				
4	水带各连接处不得脱落				
5	窗口内水带机动长度不得少于 5 m				

续表

序号	评判要点	单项完成情况		综合评定	
		完成	未完成	合格	不合格
6	按照操作程序完成任务				
7	30 s 内完成操作				
备注：任意一项未完成，综合评定“不合格”。					

第七节 射水技术

一、立姿射水操

（一）训练目的

通过训练，使参训人员掌握立姿射水的操作方法。

（二）场地器材

在训练场上标出起点线，起点线后停放消防车 1 辆（出水口与起点线相齐），距离起点线 20 m 处标出分水器线，分水器线后放置充水三分水器 1 只，距离起点线 40 m 标出水枪线，水枪线后放置水枪 1 支预先铺设 ϕ65 mm 水带 1 盘与三分水器连接，预设辅助人员 1 名控制三分水器，如图 1-37 所示。

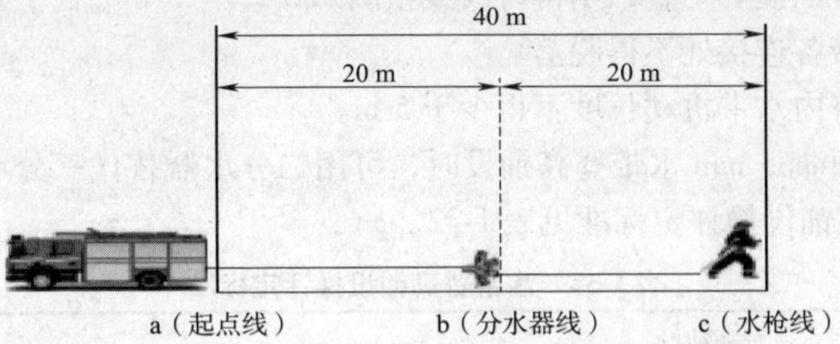

图 1-37　立姿射水操场地示意图

（三）操作程序

（1）参训人员在起点线一侧 3 m 处站成一列横队。

（2）听到“前两名出列”的口令，参训人员答“是”，并跑至起点线面向指挥员呈立正姿势。

（3）听到“准备”的口令，两名参训人员至水枪线处，检查器材并做好操作准备。

（4）听到“开始”的口令，第 1 名参训人员双手拿起水枪，左脚向前一步，呈弓步，上体稍向前倾，右手握水枪柄，左手扶水枪开关，目视前方，成立姿射水状态，第2名人员在第1名号员后方，左脚向前一步，呈弓步，上体稍向前倾，双手握水带，举手示意喊“供水”。待水流到达水枪位置后，缓慢开启水枪，水枪充实水柱达到15 m左右时关闭水枪喊“好”。

（5）听到“操作完毕”的口令，两名参训人员将器材复位，面向指挥员喊“好”。

（6）听到“入列”的口令，参训人员答“是”，并跑步入列。

（四）操作要求

（1）参训人员着灭火防护服、灭火防护靴，佩戴消防头盔、消防安全腰带、阻燃头套、消防手套。

（2）驾驶员供水时要逐渐加压，压力不得超过0.3 MPa。

（3）辅助人员要时刻注意参训人员，遇紧急情况应当迅速关闭分水器。

立姿射水操评定标准见表1-33。

表1-33 立姿射水操评定标准

任务：完成立姿射水操					
考核要求：参训人员能够完成项目操作					
考核指令：从“开始”至参训人员喊“好”止					
序号	评判要点	单项完成情况		综合评定	
		完成	未完成	合格	不合格
1	按操作要求着装				
2	上体稍向前倾，左脚向前一步，呈弓步				
3	右手握水枪柄，左手扶水枪开关				
4	采用立姿射水姿势				
5	按照操作程序完成任务				
备注：任意一项未完成，综合评定“不合格”。					

二、卧姿射水操

（一）训练目的

通过训练，使参训人员掌握卧姿射水的操作方法。

（二）场地器材

在训练场上标出起点线，起点线后停放消防车1辆（出水口与起点线相齐），距离起点线20 m标出分水器线，分水器线后放置充水三分水器1只，距离起点线40 m标出水枪线，水枪线后放置水枪1支预先铺设ϕ65 mm水带1盘与三分水器连接，预设辅助人员1名控制三分水器，如图1-38所示。

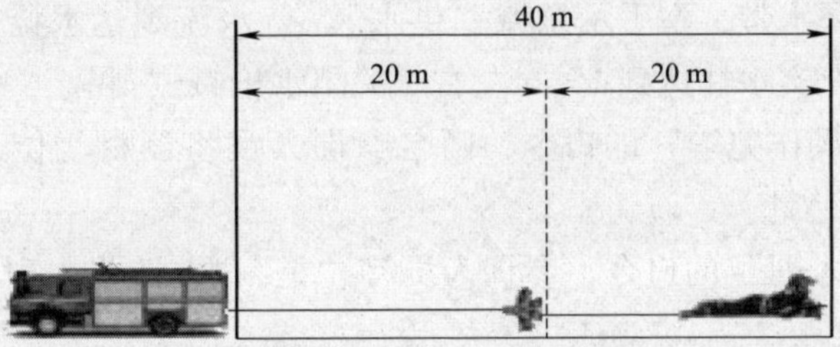

图 1-38　卧姿射水操场地示意图

（三）操作程序

（1）参训人员在起点线一侧 3 m 处站成一列横队。

（2）听到“第一名出列”的口令，参训人员答“是”，并跑至起点线面向指挥员呈立正姿势。

（3）听到“准备”的口令，参训人员至水枪线处，检查器材并做好操作准备。

（4）听到“开始”的口令，参训人员双手提起水枪，右脚后退半步，屈膝下蹲，双手前伸撑于地面，右手按住水枪，两脚同时伸直并叉开，脚尖向外，脚跟相对与肩同宽，右腿压在水带上。右肘部着地：右手握水枪柄，左手扶水枪开关，使水枪喷嘴向上翘起，目视前方，成卧姿射水状态，举手示意喊“供水”。待水流到达水枪位置后，缓慢开启水枪，水枪充实水柱达到 15 m 左右时关闭水枪喊“好”。

（5）听到“操作完毕”的口令，参训人员将器材复位，面向指挥员喊“好”。

（6）听到“入列”的口令，参训人员答“是”，并跑步入列。

（四）操作要求

（1）参训人员着灭火防护服、灭火防护靴，佩戴消防头盔、消防安全腰带、阻燃头套、消防手套。

（2）驾驶员供水时要逐渐加压，压力不得超过 0. 3 MPa。

（3）辅助人员要时刻注意参训人员，遇紧急情况应当迅速关闭分水器。

卧姿射水操评定标准见表 1-34。

三、跪姿射水操

（一）训练目的

通过训练，使参训人员掌握跪姿射水的操作方法。

表 1-34　卧姿射水操评定标准

任务：完成卧姿射水操					
考核要求：参训人员能够完成项目操作					
考核指令：从“开始”至参训人员喊“好”止					
序号	评判要点	单项完成情况		综合评定	
		完成	未完成	合格	不合格
1	按操作要求着装				
2	右脚后退半步，屈膝下蹲，双手前伸撑于地面				
3	右手握水枪柄，左手扶水枪开关				
4	采用卧姿射水姿势				
5	按照操作程序完成任务				
备注：任意一项未完成，综合评定“不合格”。					

（二）场地器材

在训练场上标出起点线，起点线后停放消防车 1 辆（出水口与起点线相齐），距离起点线 20 m 标出分水器线，分水器线后放置充水三分水器 1 只，距离起点线 40 m 标出水枪线，水枪线后放置水枪 1 支预先铺设 ϕ65 mm 水带 1 盘与三分水器连接，预设辅助人员 1 名控制三分水器，如图 1-39 所示。

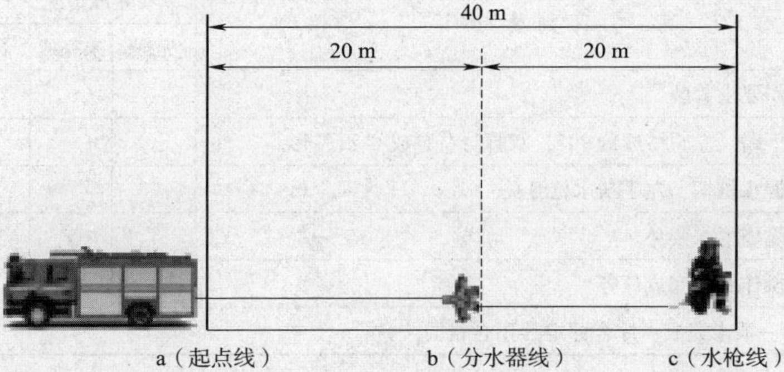

图 1-39　跪姿射水操场地示意图

（三）操作程序

（1）参训人员在起点线一侧 3 m 处站成一列横队。

（2）听到“第一名出列”的口令，参训人员答“是”，并跑至起点线面向指挥员呈立正姿势。

（3）听到“准备”的口令，参训人员于水枪左侧，检查器材并做好操作准备。

（4）听到“开始”的口令，参训人员双手提起水枪，右脚后退一步，脚跟抬起，脚尖着地，屈膝下蹲，左腿弓成约90°，双脚与右膝成“△”形，右手握水枪柄，左手扶水枪开关，左小臂放在左大腿上，目视前方，成跪姿射水状态，举手示意喊“供水”。待水流到达水枪位置后，缓慢开启水枪，水枪充实水柱达到15 m左右时关闭水枪喊“好”。

(5) 听到“操作完毕”的口令，参训人员将器材复位，面向指挥员喊“好”。

(6) 听到“入列”的口令，参训人员答“是”，并跑步入列。

(四) 操作要求

(1) 参训人员着灭火防护服、灭火防护靴，佩戴消防头盔、消防安全腰带、阻燃头套、消防手套。

(2) 驾驶员供水时要逐渐加压，压力不得超过0.3 MPa。

(3) 辅助人员要时刻注意参训人员，遇紧急情况应当迅速关闭分水器。

跪姿射水操评定标准见表1-35。

表1-35 跪姿射水操评定标准

任务：完成跪姿射水操					
考核要求：参训人员能够完成项目操作					
考核指令：从“开始”至参训人员喊“好”止					
序号	评判要点	单项完成情况		综合评定	
		完成	未完成	合格	不合格
1	按操作要求着装				
2	屈膝下蹲，左腿弓成约90°，双脚与右膝成“△”形				
3	右手握水枪柄，左手扶水枪开关				
4	采用跪姿射水姿势				
5	按照操作程序完成任务				
备注：任意一项未完成，综合评定“不合格”。					

四、坐姿射水操

(一) 训练目的

通过训练，使参训人员掌握坐姿射水的操作方法。

(二) 场地器材

在训练场上标出起点线，起点线后停放消防车1辆（出水口与起点线相齐），距离起点线20 m处标出分水器线，分水器线后放置充水三分水器1只，距离起点线40 m处标出水枪线，水枪线后放置水枪1支，预先铺设ϕ65 mm水带1盘与三分水器连接，预设辅助人员1名控制三分水器，如图1-40所示。

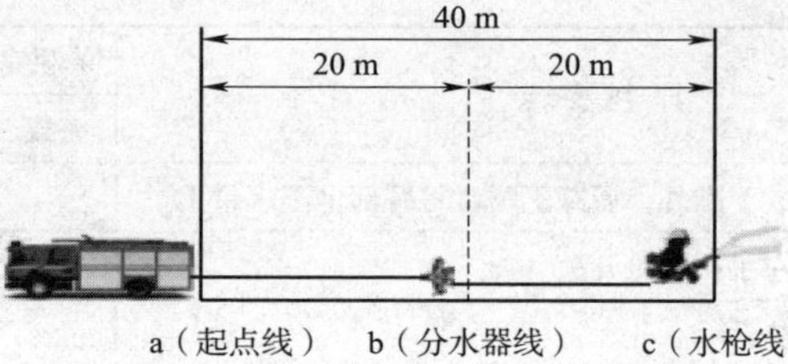

图 1-40　坐姿射水操场地示意图

（三）操作程序

（1）参训人员在起点线一侧 3 m 处站成一列横队。

（2）听到“第一名出列”的口令，参训人员答“是”，并跑至起点线面向指挥员呈立正姿势。

（3）听到“准备”的口令，参训人员于水枪左侧，检查器材并做好操作准备。

（4）听到“开始”的口令，参训人员双手提起水枪，将水带座圈，两脚放于圈外，屈膝下蹲，将臀部坐于水带上，右手握水枪柄，左手扶水枪开关，使水枪喷嘴向上翘起，目视前方，成坐姿射水状态，举手示意喊“供水”。待水流到达水枪位置后，缓慢开启水枪，水枪充实水柱达到 15 m 左右时关闭水枪喊“好”。

（5）听到“操作完毕”的口令，参训人员将器材复位，面向指挥员喊“好”。

（6）听到“入列”的口令，参训人员答“是”，并跑步入列。

（四）操作要求

（1）参训人员着灭火防护服、灭火防护靴，佩戴消防头盔、消防安全腰带、阻燃头套、消防手套。

（2）驾驶员供水时要逐渐加压，压力不得超过 0.3 MPa。

（3）辅助人员要时刻注意参训人员，遇紧急情况应当迅速关闭分水器。

坐姿射水操评定标准见表 1-36。

表 1-36　坐姿射水操评定标准

任务：完成坐姿射水操					
考核要求：参训人员能够完成项目操作					
考核指令：从“开始”至参训人员喊“好”止					
序号	评判要点	单项完成情况		综合评定	
		完成	未完成	合格	不合格
1	按操作要求着装				

续表

序号	评 判 要 点	单项完成情况		综合评定	
		完成	未完成	合格	不合格
2	水带座圈，两脚放于圈外，屈膝下蹲，将臀部坐于水带上				
3	右手握水枪柄，左手扶水枪开关				
4	采用坐姿射水姿势				
5	按照操作程序完成任务				
备注：任意一项未完成，综合评定“不合格”。					

五、水枪变换射流操

（一）训练目的

通过训练，使参训人员掌握无后坐力水枪射流变换的操作方法。

（二）场地器材

在训练场上标出起点线，起点线后停放消防车 1 辆（出水口与起点线相齐），距离起点线 20 m 标出分水器线，分水器线后放置充水三分水器 1 只，距离起点线 40 m 标出水枪线，水枪线后放置水枪 1 支预先铺设 ϕ65 mm 水带 1 盘与三分水器连接，预设辅助人员 1 名控制三分水器，如图 1-41 所示。

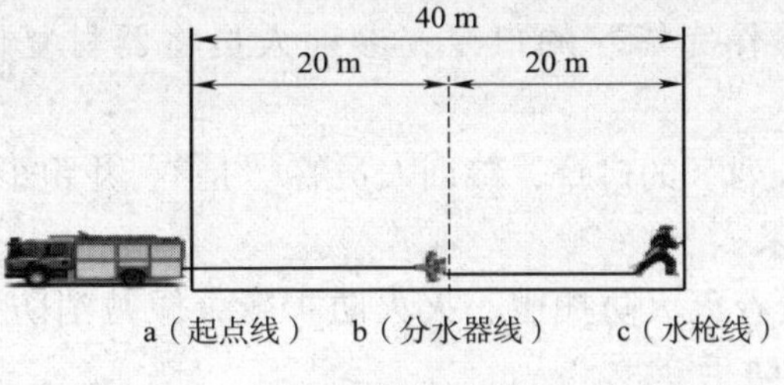

图 1-41　水枪变换射流操场地示意图

（三）操作程序

（1）参训人员在起点线侧 3 m 处站成一列横队。

（2）听到“第一名出列”的口令，参训人员答“是”，并跑至起点线面向指挥员呈立正姿势。

（3）听到“准备”的口令，参训人员于水枪左侧，检查器材并做好操作准备。

（4）听到“开始”的口令，参训人员双手提起水枪，左脚向前一步，呈弓步，上体稍向前倾，右手握水枪柄，左手扶水枪开关，喊“供水”。待水流到达水枪位置后，缓慢开启水枪，进行直流、开花、长短水雾、点射、O 型、S 型射流形状的变换，完毕后喊“好”。

（5）听到“操作完毕”的口令，参训人员将器材复位，面向指挥员喊“好”。

（6）听到“入列”的口令，参训人员答“是”，并跑步入列。

（四）操作要求

（1）参训人员着灭火防护服、灭火防护靴，佩戴消防头盔、消防安全腰带、阻燃头套、消防手套。

（2）驾驶员供水时要逐渐加压，压力不得超过 0.3 MPa。

（3）辅助人员要时刻注意参训人员，遇紧急情况应当迅速关闭分水器。

水枪变换射流操评定标准见表 1-37。

表 1-37　水枪变换射流操评定标准

任务：完成水枪变换射流操					
考核要求：参训人员能够完成项目操作					
考核指令：从“开始”至参训人员喊“好”止					
序号	评判要点	单项完成情况		综合评定	
		完成	未完成	合格	不合格
1	按操作要求着装				
2	上体稍向前倾，左脚向前一步，呈弓步				
3	右手握水枪柄，左手扶水枪开关				
4	正确变换水枪射流（直流、开花、长短水雾、点射、O 型、S 型）				
5	按照操作程序完成任务				
备注：任意一项未完成，综合评定“不合格”。					

六、水枪直流打靶操

（一）训练目的

通过训练，提高参训人员在火场打击火势的精确度。

（二）场地器材

在距训练塔 40 m 标出起点线，起点线后停放消防车 1 辆（出水口与起点线相齐），距离起点线 20 m 处标出分水器线，分水器线后放置充水三分水器 1 只，距离起点线 35 m 处标出水枪线，水枪线后放置水枪 1 支预先铺设 ϕ65 mm 水带 1 盘与三分水器连接，在训练塔二楼窗口悬挂篮球 1 个作为靶点，预设辅助人员 1 名控制三分水器，如图 1-42 所示。

（三）操作程序

（1）参训人员在起点线一侧 3 m 处站成一列横队。

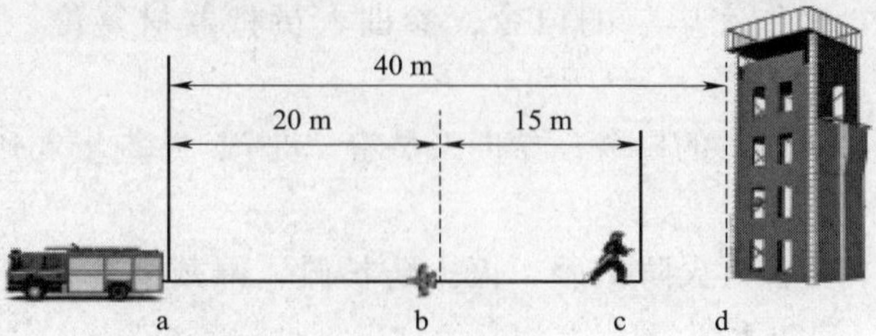

a—起点线；b—分水器线；c—水枪线；d—塔基线

图 1-42　水枪直流打靶操场地示意图

（2）立正姿势。听到“第一名出列”的口令，参训人员答“是”，并跑至起点线面向指挥员呈立正姿势。

（3）听到“准备”的口令，参训人员于水枪左侧，检查器材并做好操作准备。

（4）听到“开始”的口令，参训人员双手提起水枪，左脚向前一步，呈弓步，上体稍向前倾右手握水枪柄，左手扶水枪开关，目视靶点，喊“供水”。待水流到达水枪位置后，缓慢开启水枪，充实水柱击中靶点后，关闭水枪举手示意喊“好”。

（5）听到“操作完毕”的口令，参训人员将器材复位，面向指挥员喊“好”。

（6）听到“入列”的口令，参训人员答“是”，并跑步入列。

（四）操作要求

（1）参训人员着灭火防护服、灭火防护靴，佩戴消防头盔、消防安全腰带、阻燃头套、消防手套。

（2）驾驶员供水时要逐渐加压，压力不得超过 0.3 MPa。

（3）辅助人员要时刻注意参训人员，遇紧急情况应当迅速关闭分水器。

（4）篮球悬挂的高度应在二楼窗户中间。

水枪直流打靶操评定标准见表 1-38。

表 1-38　水枪直流打靶操评定标准

任务：完成水枪直流打靶操					
考核要求：参训人员能够完成项目操作					
考核指令：从“开始”至参训人员喊“好”止					
序号	评判要点	单项完成情况		综合评定	
		完成	未完成	合格	不合格
1	按操作要求着装				
2	上体稍向前倾，左脚向前一步，呈弓步				

续表

序号	评判要点	单项完成情况		综合评定	
		完成	未完成	合格	不合格
3	右手握水枪柄，左手扶水枪开关				
4	正确使用水枪射流（直流打靶）				
5	按照操作程序完成任务				
备注：任意一项未完成，综合评定“不合格”。					

七、水枪点射打靶操

（一）训练目的

通过训练，使参训人员掌握水枪射流运用的操作方法。

（二）场地器材

在距训练塔 40 m 处标出起点线，起点线后停放消防车 1 辆（出水口与起点线相齐），距离起点线 20 m 处标出分水器线，分水器线后放置充水三分水器 1 只，距离起点线 35 m 处标出水枪线，水枪线后放置水枪 1 支，预先铺设 ϕ65 mm 水带 1 盘与三分水器连接，在训练塔二楼窗口悬挂篮球 1 个作为靶点，预设辅助人员 1 名控制三分水器，如图 1-43 所示。

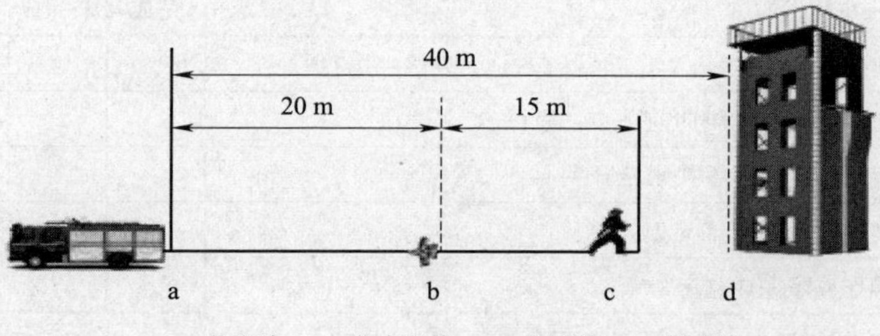

a—起点线；b—分水器线；c—水枪线；d—塔基线

图 1-43 水枪点射打靶操场地示意图

（三）操作程序

（1）参训人员在起点线侧 3 m 处站成一列横队。

（2）听到“第一名出列”的口令，参训人员答“是”，并跑至起点线面向指挥员呈立正姿势。

（3）听到“准备”的口令，参训人员于水枪线处，检查器材并做好操作准备。

（4）听到“开始”的口令，参训人员双手提起水枪，左脚向前一步，呈弓步，上体稍向前倾，左手握水枪柄，右手扶水枪开关，目视靶点，喊“供水”。待水流到达水枪位置后，迅速开关水枪开关，待点射水柱击中靶点后，关闭水枪喊“好”。

(5) 听到“操作完毕”的口令，参训人员将器材复位，面向指挥员喊“好”。

(6) 听到“入列”的口令，参训人员答“是”，并跑步入列。

(四) 操作要求

(1) 参训人员着灭火防护服、灭火防护靴，佩戴消防头盔、消防安全腰带、阻燃头套、消防手套。

(2) 开、关水枪须迅速，点射水柱明显。

(3) 驾驶员供水时要逐渐加压，压力不得超过 0.3 MPa。

(4) 辅助人员要时刻注意参训人员，遇紧急情况应当迅速关闭分水器。

水枪点射打靶操评定标准见表 1-39。

表 1-39 水枪点射打靶操评定标准

任务：完成水枪点射打靶操					
考核要求：参训人员能够完成项目操作					
考核指令：从“开始”至参训人员喊“好”止					
序号	评判要点	单项完成情况		综合评定	
		完成	未完成	合格	不合格
1	按操作要求着装				
2	上体稍向前倾，左脚向前一步，呈弓步				
3	左手握水枪柄，右手扶水枪开关				
4	正确使用水枪射流（点射打靶）				
5	按照操作程序完成任务				
备注：任意一项未完成，综合评定“不合格”。					

第八节 基础绳结

一、单 结

(一) 训练目的

通过训练，使参训人员掌握单结的结绳方法。

(二) 场地器材

在训练场上标出起点线，起点线前放置绳结架 1 个，绳结架上悬挂长 4 m 绳索 1 根，如图 1-44 所示。

（三）操作程序

（1）参训人员在起点线一侧 3 m 处站成一列横队。

（2）听到“第一名出列”的口令，参训人员答“是”，并跑至起点线面向指挥员呈立正姿势。

a（起点线）

图 1-44　单结操作场地示意图

（3）听到“准备”的口令，参训人员准备器材，做好操作准备。

（4）听到“开始”的口令，参训人员将绳索抛出，留一绳头，右手握住绳头，提起绳索的一端作一绳圈，将绳头穿入圈内，绳索收紧后举手示意喊“好”。

单结示意图如图 1-45 所示。

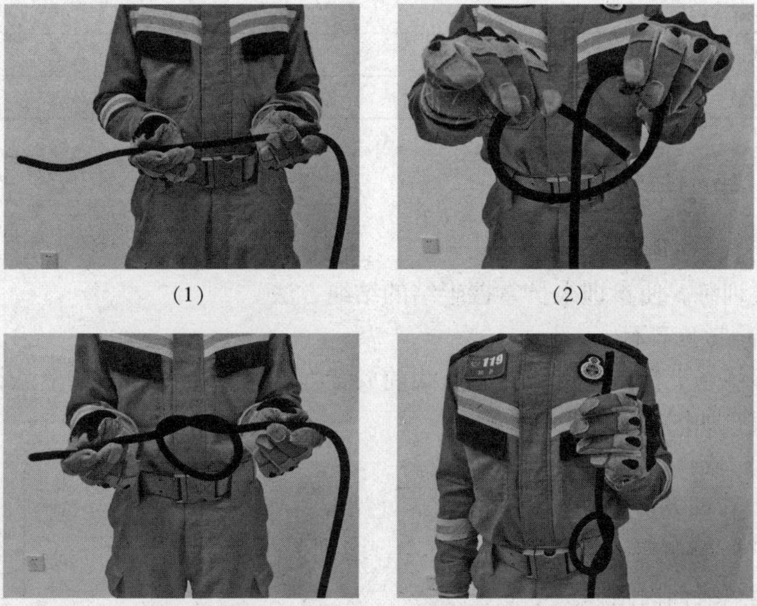

（1）　（2）　（3）　（4）

图 1-45　单结示意图

（5）听到“操作完毕”的口令，参训人员将器材复位，面向指挥员喊“好”。

（6）听到“入列”的口令，参训人员答“是”，并跑步入列。

（四）操作要求

（1）参训人员着抢险救援服、抢险救援靴，佩戴抢险救援头盔、抢险救援手套。

（2）绳结制作完毕后，余绳长度 10 ~ 30 cm。

（3）单结一般不能单独使用，因其不易解开。

单结评定标准见表1-40。

表1-40　单结评定标准

任务：10 s内完成单结操作					
考核要求：参训人员能够完成项目操作					
考核指令：计时从“开始”至参训人员喊“好”止					
序号	评判要点	单项完成情况		综合评定	
		完成	未完成	合格	不合格
1	按操作要求着装				
2	按照指令，制作正确的绳结				
3	余绳长度10～30 cm				
4	按操作程序完成任务				
5	10 s内完成操作				
备注：任意一项未完成，综合评定“不合格”。					

二、半　　结

（一）训练目的

通过训练，使参训人员掌握半结的结绳方法。

（二）场地器材

在训练场上标出起点线，起点线前放置绳结架1个，绳结架上悬挂长4 m绳索1根，如图1-46所示。

（三）操作程序

（1）参训人员在起点线一侧3 m处站成一列横队。

（2）听到“第一名出列”的口令，参训人员答“是”，并跑至起点线面向指挥员呈立正姿势。

a（起点线）

图1-46　半结操作场地示意图

（3）听到“准备”的口令，参训人员准备器材，做好操作准备。

（4）听到“开始”的口令，参训人员提起绳索做成绳圈后套入结绳架（或将绳的一端在结绳架上做绳圈），绳索收紧后举手示意喊“好”。

半结示意图如图1-47所示。

（5）听到“操作完毕”的口令，参训人员将器材复位，面向指挥员喊“好”。

（6）听到“入列”的口令，参训人员答“是”，并跑步入列。

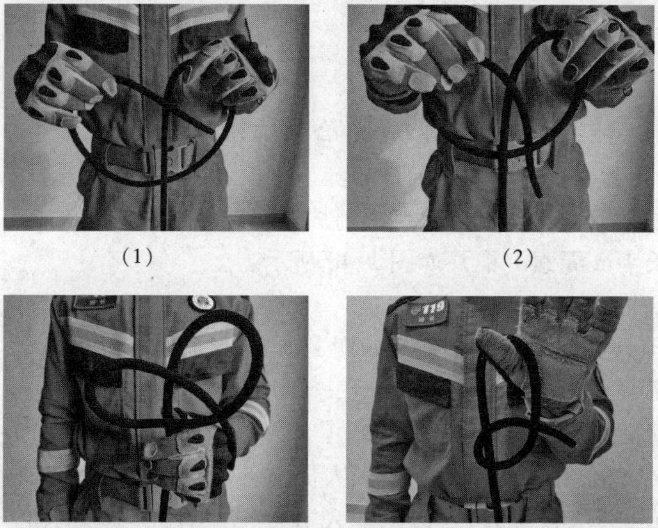

（1）　（2）　（3）　（4）

图 1-47　半结示意图

（四）操作要求

（1）参训人员着抢险救援服、抢险救援靴，佩戴抢险救援头盔、抢险救援手套。

（2）绳结制作完毕后，余绳长度 10～30 cm。

（3）半结主要用于加固绳索系的扣，不能单独使用。

半结评定标准见表 1-41。

表 1-41　半结评定标准

任务：10 s 内完成半结操作					
考核要求：参训人员能够完成项目操作					
考核指令：计时从“开始”至参训人员喊“好”止					
序号	评 判 要 点	单项完成情况		综合评定	
		完成	未完成	合格	不合格
1	按操作要求着装				
2	按照指令，制作正确的绳结				
3	余绳长度 10～30 cm				
4	按操作程序完成任务				
5	10 s 内完成操作				
备注：任意一项未完成，综合评定“不合格”。					

三、卷　　结

（一）训练目的

通过训练，使参训人员掌握卷结的结绳方法。

（二）场地器材

在训练场上标出起点线，起点线前放置绳结架1个，绳结架上悬挂长4 m绳索1根，如图1-48所示。

a（起点线）

图1-48　卷结操作场地示意图

（三）操作程序

（1）参训人员在起点线一侧3 m处站成一列横队。

（2）听到“第一名出列”的口令，参训人员答“是”，并跑至起点线面向指挥员呈立正姿势。

（3）听到“准备”的口令，参训人员准备器材，做好操作准备。

（4）听到“开始”的口令，参训人员抬平左臂充当固定物，右手握住一端绳头，由里向外绕左小臂一圈后，短绳压住长绳再绕一圈，绳头从两圈之间穿过，勒紧并在长绳上打半结加固后，举手示意喊“好”。

卷结示意图如图1-49所示。

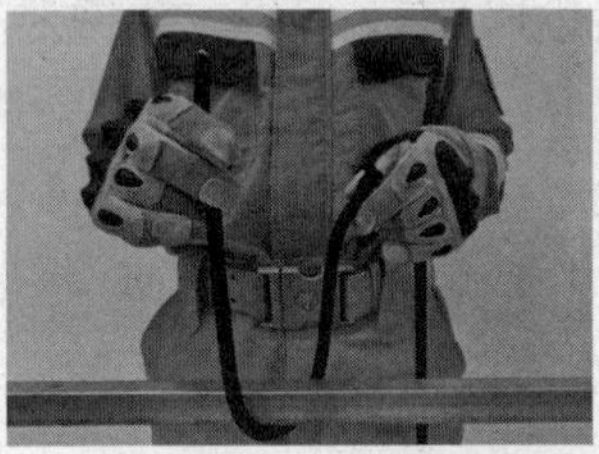

（1）

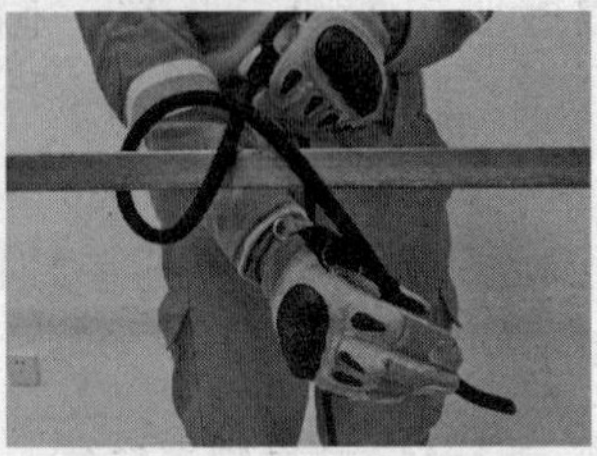

（2）

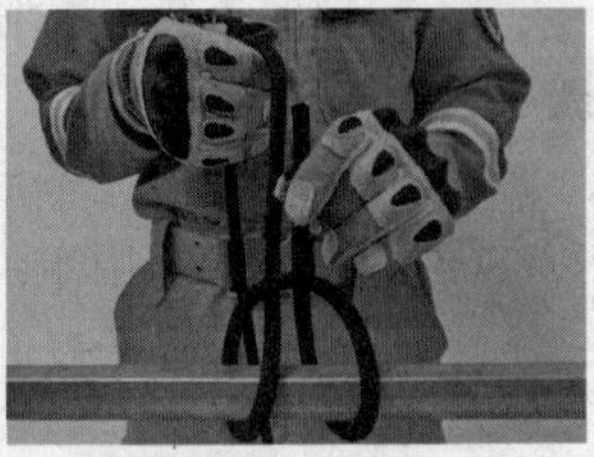

（3）

（4）

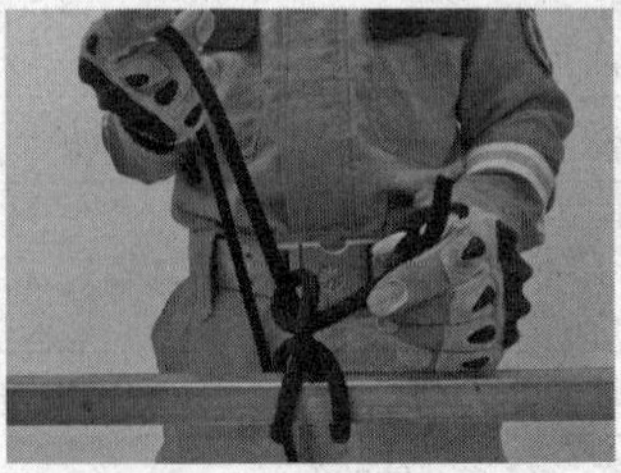

（5）

图1-49　卷结示意图

（5）听到“操作完毕”的口令，参训人员将器材复位，面向指挥员喊“好”。

（6）听到“入列”的口令，参训人员答“是”，并跑步入列。

（四）操作要求

（1）参训人员着抢险救援服、抢险救援靴，佩戴抢险救援头盔、抢险救援手套。

（2）绳结制作完毕后，余绳长度 10～30 cm。

（3）卷结主要用于救援时在绳的末端或中间制作支点。

卷结评定标准见表 1-42。

表 1-42　卷结评定标准

任务：15 s 内完成卷结操作					
考核结果：参训人员能够完成项目操作					
考核指令：计时从“开始”至参训人员喊“好”止					
序号	评判要点	单项完成情况		综合评定	
		完成	未完成	合格	不合格
1	按操作要求着装				
2	按照指令，制作正确的绳结				
3	主绳上半结加固				
4	余绳长度 10～30 cm				
5	15 s 内完成操作				
备注：任意一项未完成，综合评定“不合格”。					

四、双平结

（一）训练目的

通过训练，使参训人员掌握双平结的结绳方法。

（二）场地器材

在训练场上标出起点线，起点线前放置绳结架 1 个，绳结架上悬挂长 4 m 绳索 1 根，如图 1-50 所示。

图 1-50　双平结操作场地示意图

（三）操作程序

（1）参训人员在起点线一侧 3 m 处站成一列横队。

（2）听到“第一名出列”的口令，参训人员答“是”，并跑至起点线面向指挥员呈立正姿势。

（3）听到“准备”的口令，参训人员准备器材，做好操作准备。

（4）听到“开始”的口令，参训人员左右手分别握住两根绳头，先将左手绳头压在右手绳头制作成单结，再用右手绳头压住左手绳头，制成另一单结；拉紧并将两绳头分别在主绳上做半结加固后举手示意喊“好”。

双平结示意图如图 1-51 所示。

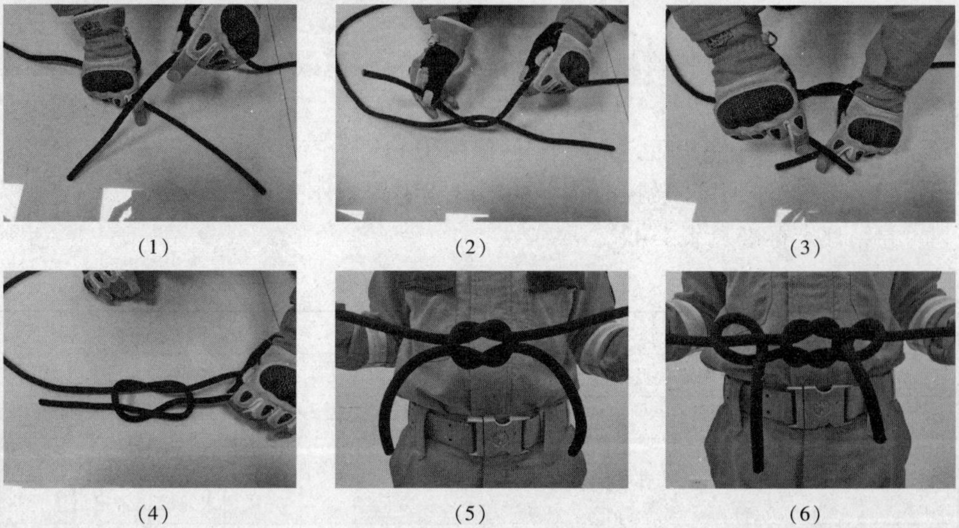

图 1-51　双平结示意图

（5）听到“操作完毕”的口令，参训人员将器材复位，面向指挥员喊“好”。

（6）听到“入列”的口令，参训人员答“是”，并跑步入列。

（四）操作要求

（1）参训人员着抢险救援服、抢险救援靴，佩戴抢险救援头盔、抢险救援手套。

（2）绳结制作完毕后，余绳长度 10～30 cm。

（3）双平结主要用于将相同粗细的绳索连接在一起。

双平结评定标准见表 1-43。

表 1-43　双平结评定标准

任务：15 s 内完成双平结操作					
考核要求：参训人员能够完成项目操作					
考核指令：计时从“开始”至参训人员喊“好”止					
序号	评判要点	单项完成情况		综合评定	
		完成	未完成	合格	不合格
1	按操作要求着装				
2	按照指令，制作正确的绳结				
3	余绳长度 10～30 cm				
4	主绳上半结加固				
5	按操作程序完成任务				
6	15 s 内完成操作				
备注：任意一项未完成，综合评定“不合格”。					

五、单套腰结

(一)训练目的

通过训练，使参训人员掌握单套腰结的结绳方法。

(二)场地器材

在训练场上标出起点线，起点线前放置绳结架1个，绳结架上悬挂长4 m绳索1根，如图1-52所示。

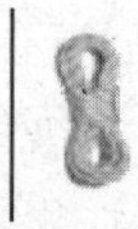

图1-52 单套腰结操作场地示意图

(三)操作程序

(1)参训人员在起点线一侧3 m处站成一列横队。

(2)听到“第一名出列”的口令，参训人员答“是”，并跑至起点线面向指挥员呈立正姿势。

(3)听到“准备”的口令，参训人员准备器材，做好操作准备。

(4)听到“开始”的口令，参训人员将绳索抛出，留一绳头，右手握住绳头，将长绳放在左手上（均为手心向上），把左手上的绳子制作一个小绳圈（长绳在下），然后，将右手的绳头由下往上放进绳圈内，从下至上绕过长绳，再穿过绳圈，勒紧长绳，半结加固后举手示意“好”。

单套腰结示意图如图1-53所示。

(1)

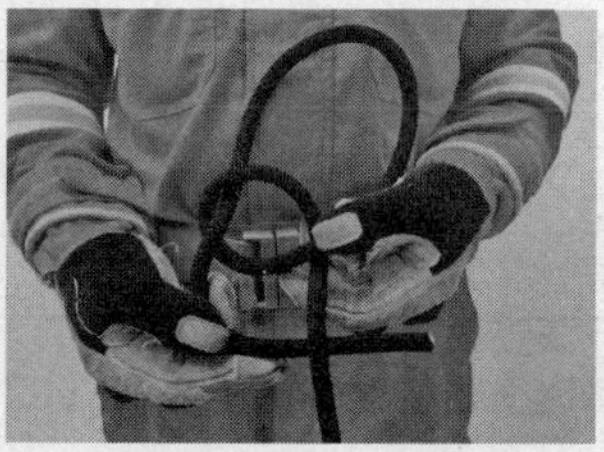
(2)

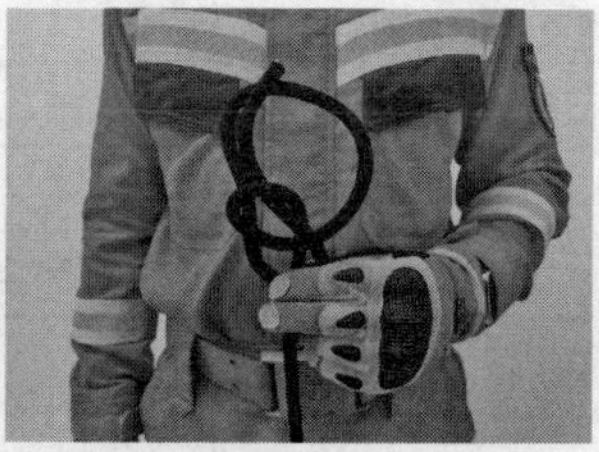
(3)

(4)

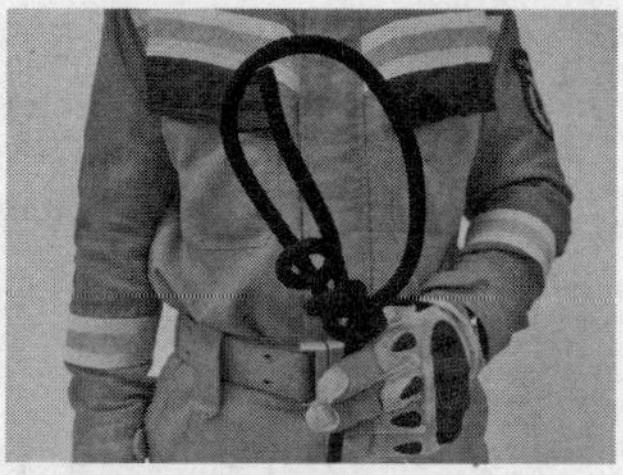
(5)

图1-53 单套腰结示意图

（5）听到“操作完毕”的口令，参训人员将器材复位，面向指挥员喊“好”。

（6）听到“入列”的口令，参训人员答“是”，并跑步入列。

（四）操作要求

（1）参训人员着抢险救援服、抢险救援靴，佩戴抢险救援头盔、抢险救援手套。

（2）绳结制作完毕后，余绳长度约 10 ~ 30 cm。

（3）单套腰结主要用于缚人或树木时的连结。

单套腰结评定标准见表 1-44。

表 1-44　单套腰结评定标准

任务：15 s 内完成单套腰结操作					
考核要求：参训人员能够完成项目操作					
考核指令：计时从“开始”至参训人员喊“好”止					
序号	评判要点	单项完成情况		综合评定	
		完成	未完成	合格	不合格
1	按操作要求着装				
2	按照指令，制作正确的绳结				
3	余绳长度 10 ~ 30 cm				
4	主绳上半结加固				
5	按操作程序完成				
6	15 s 内完成操作				
备注：任意一项未完成，综合评定“不合格”。					

六、双套腰结

（一）训练目的

通过训练，使参训人员掌握双套腰结的结绳方法。

（二）场地器材

在训练场上标出起点线，起点线前放置绳结架 1 个，绳结架上悬挂长 4 m 绳索 1 根，如图 1-54 所示。

图 1-54　双套腰结操作场地示意图

（三）操作程序

（1）参训人员在起点线一侧 3 m 处站成一列横队。

（2）听到“第一名出列”的口令，参训人员答“是”，并跑至起点线面向指挥员呈立正姿势。

（3）听到“准备”的口令，参训人员准备器材，做好操作准备。

（4）听到“开始”的口令，参训人员将绳索对折，两绳头抛出，留半圈放于右手，两长绳放在左手上（手心均向上），把左手上双股绳制作一个小绳圈（两长绳在下），然后将右手的半圈由下向上穿过小绳圈，再将右手的半圈由上至下套过整个小绳圈，并调整绳圈大小，绳索拉紧后举手示意喊“好”。

双套腰结示意图如图 1-55 所示。

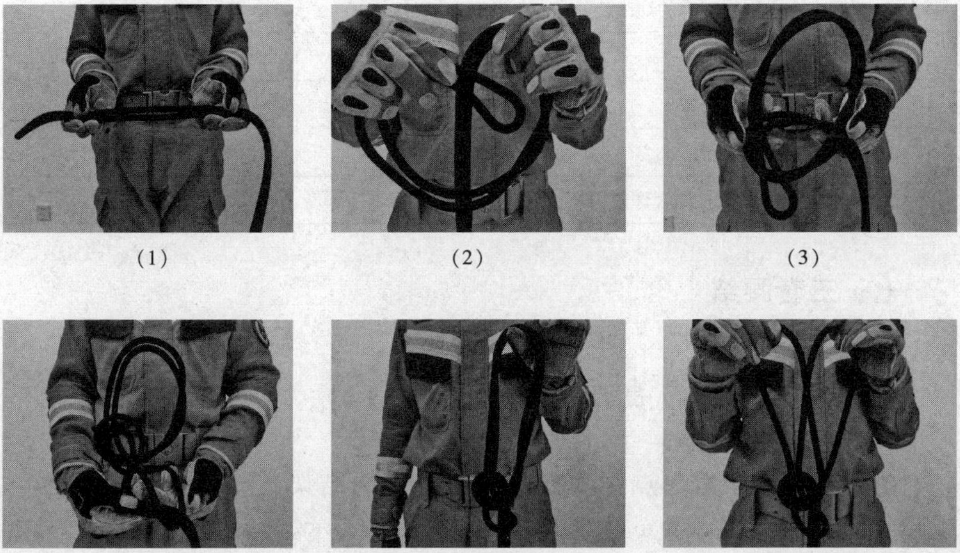

（1）　（2）　（3）

（4）　（4）　（6）

图 1-55　双套腰结示意图

（5）听到“操作完毕”的口令，参训人员将器材复位，面向指挥员喊“好”。

（6）听到“入列”的口令，参训人员答“是”，并跑步入列。

（四）操作要求

（1）参训人员着抢险救援服、抢险救援靴，佩戴抢险救援头盔、抢险救援手套。

（2）动作要正确、熟练。

（3）绳圈大小适中、对称。

（4）双套腰结主要在绳索中制作绳圈或用于救助人员的连结。

双套腰结评定标准见表 1-45。

表 1-45　双套腰结评定标准

任务：15 s 内完成双套腰结操作					
考核结果：参训人员能够完成项目操作					
考核指令：计时从“开始”至参训人员喊“好”止					
序号	评 判 要 点	单项完成情况		综合评定	
		完成	未完成	合格	不合格
1	按操作要求着装				
2	按照指令，制作正确的绳结				
3	余绳长度 10 ~ 30 cm				
4	按操作程序完成任务				
5	15 s 内完成操作				
备注：任意一项未完成，综合评定“不合格”。					

七、三套腰结

（一）训练目的

通过训练，使参训人员掌握三套腰结的结绳方法。

（二）场地器材

在训练场上标出起点线，起点线前放置绳结架 1 个，绳结架上悬挂长 4 m 绳索 1 根，如图 1-56 所示。

a（起点线）

图 1-56　三套腰结操作场地示意图

（三）操作程序

（1）参训人员在起点线一侧 3 m 处站成一列横队。

（2）听到“第一名出列”的口令，参训人员答“是”，并跑至起点线面向指挥员呈立正姿势。

（3）听到“准备”的口令，参训人员准备器材，做好操作准备。

（4）听到“开始”的口令，参训人员将绳索对折成两股，右手握住折弯处，左手握住长绳一端适当位置（手心均向上），制作一个小绳圈（两长绳在下），将右手上的绳由下至上穿过小绳圈，由右向左绕过长绳，再由上至下穿过小绳圈，绳索拉紧后举手示意喊“好”。

三套腰结示意图如图 1-57 所示。

（5）听到“操作完毕”的口令，参训人员将器材复位，面向指挥员喊“好”。

（6）听到“入列”的口令，参训人员答“是”，并跑步入列。

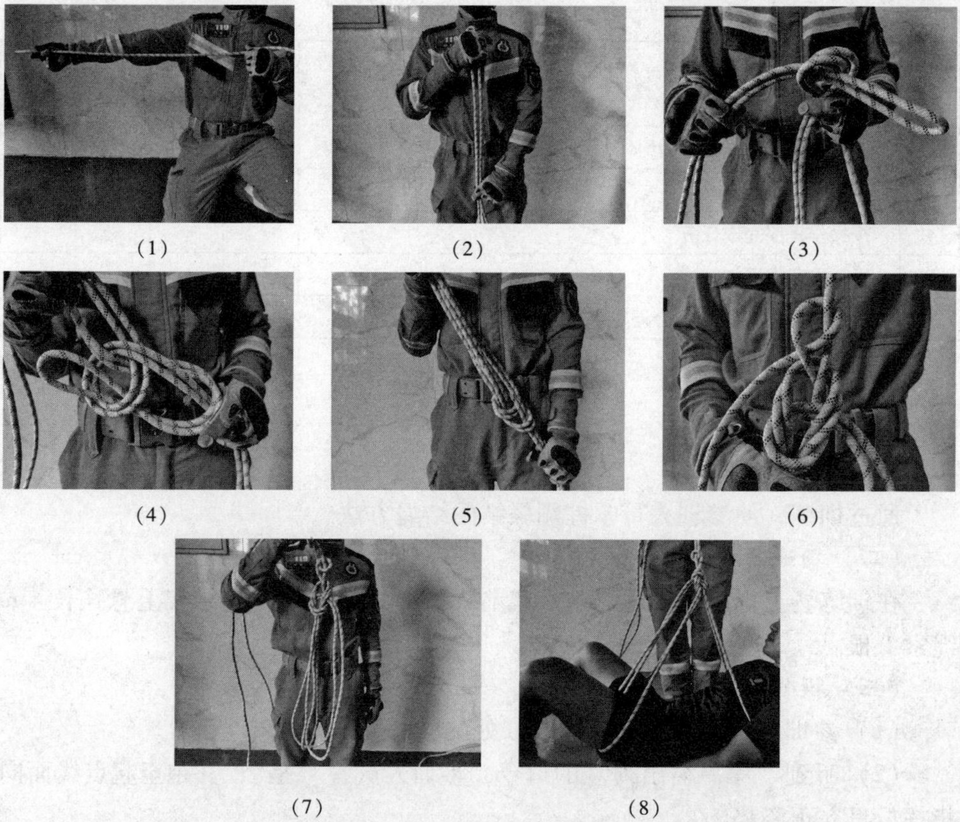

图 1-57　三套腰结示意图

（四）操作要求

（1）参训人员着抢险救援服、抢险救援靴，佩戴抢险救援头盔、抢险救援手套。

（2）套在腋下的绳圈应比套在腿部的绳圈大。

（3）应根据需要调整绳圈大小。

（4）三套腰结主要用于人员吊升或下降时对身体的缚着。

三套腰结评定标准见表 1-46。

表 1-46　三套腰结评定标准

任务：15 s 内完成三套腰结操作					
考核要求：参训人员能够完成项目操作					
考核指令：计时从“开始”至参训人员喊“好”止					
序号	评判要点	单项完成情况		综合评定	
		完成	未完成	合格	不合格
1	按操作要求着装				

续表

序号	评判要点	单项完成情况		综合评定	
		完成	未完成	合格	不合格
2	按照指令，制作正确的绳结				
3	余绳长度 10 ~ 30 cm				
4	按操作程序完成任务				
5	15 s 内完成操作				
备注：任意一项未完成，综合评定“不合格”。					

八、蝴蝶结

（一）训练目的

通过训练，使参训人员掌握蝴蝶结的结绳方法。

（二）场地器材

在训练场上标出起点线，起点线前放置绳结架 1 个，绳结架上悬挂长 4 m 绳索 1 根。

（三）操作程序

（1）参训人员在起点线一侧 3 m 处站成一列横队。

（2）听到“第一名出列”的口令，参训人员答“是”，并跑至起点线面向指挥员呈立正姿势。

（3）听到“准备”的口令，参训人员准备器材，做好操作准备。

（4）听到“开始”的口令，参训人员左手握住绳索一端适当位置，右手握住长绳在左手上绕三圈（绳索并排放置，最后一圈置于两圈之间），右手拿起外圈，由里向外穿过另外两绳圈，用左手拇指挑出后拉紧，举手示意喊“好”。

蝴蝶结示意图如图 1-58 所示。

（5）听到“操作完毕”的口令，参训人员将器材复位，面向指挥员喊“好”。

（6）听到“入列”的口令，参训人员答“是”，并跑步入列。

（四）操作要求

（1）参训人员着抢险救援服、抢险救援靴，佩戴抢险救援头盔、抢险救援手套。

（2）动作要正确、熟练。

（3）实战中应用木棍、铁棍穿于蝴蝶结内。

蝴蝶结评定标准见表 1-47。

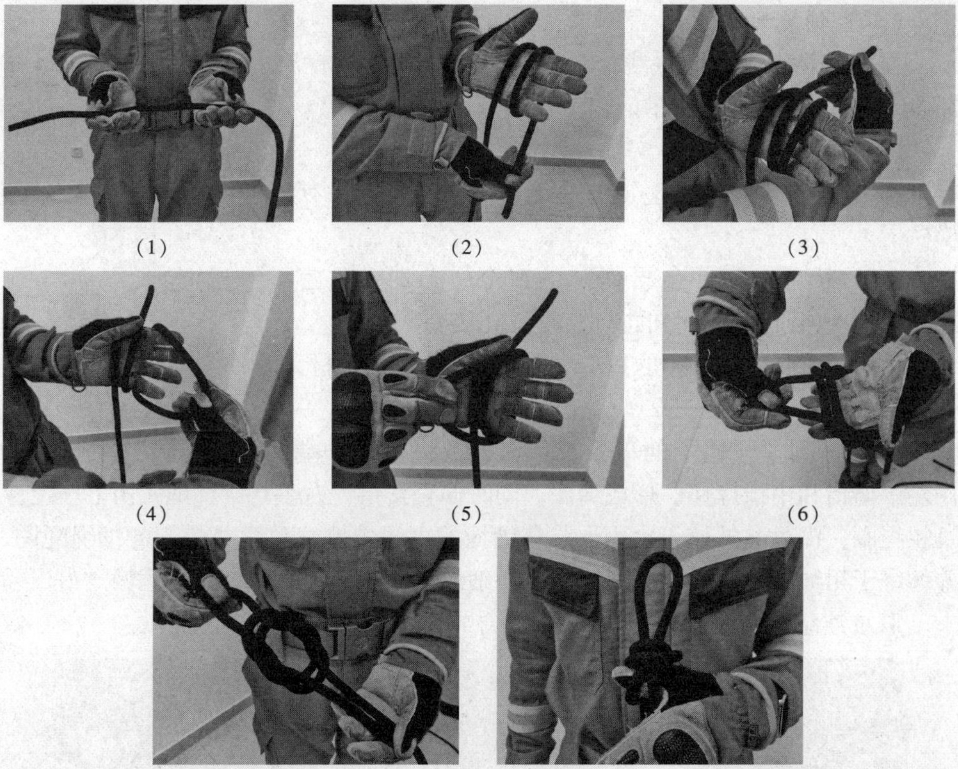

图 1-58　蝴蝶结示意图

表 1-47　蝴蝶结评定标准

任务：15 s 内完成蝴蝶结操作					
考核要求：参训人员能够完成项目操作					
考核指令：计时从“开始”至参训人员喊“好”止					
序号	评判要点	单项完成情况		综合评定	
		完成	未完成	合格	不合格
1	按操作要求着装				
2	按照指令，制作正确的绳结				
3	按操作程序完成任务				
4	15 s 内完成操作				
备注：任意一项未完成，综合评定“不合格”。					

九、双重连结

（一）训练目的

通过训练，使参训人员掌握双重连结的结绳方法。

（二）场地器材

在训练场上标出起点线，起点线前放置绳结架 1 个，绳结架上悬挂长 4 m 绳索 1 根，如图 1-59 所示。

（三）操作程序

（1）参训人员在起点线一侧 3 m 处站成一列横队。

（2）听到“第一名出列”的口令，参训人员答“是”，并跑至起点线面向指挥员呈立正姿势。

（3）听到“准备”的口令，参训人员准备器材，做好操作准备。

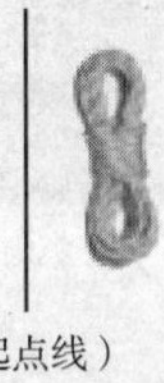

图 1-59　双重连结操作场地示意图

（4）听到“开始”的口令，参训人员将粗绳一端约 200 mm 处折成两股，用左手拇指和中指握住，形成绳圈，同时伸直食指；右手将细绳绳头由下至上穿过粗绳圈，由里向外挂于食指上，从细绳的主绳内侧穿过食指挑起的细绳绳圈，并缠绕于粗绳绳圈 2 圈以上，拉紧后在细绳上做半结加固，举手示意喊“好”。

双重连结示意图如图 1-60 所示。

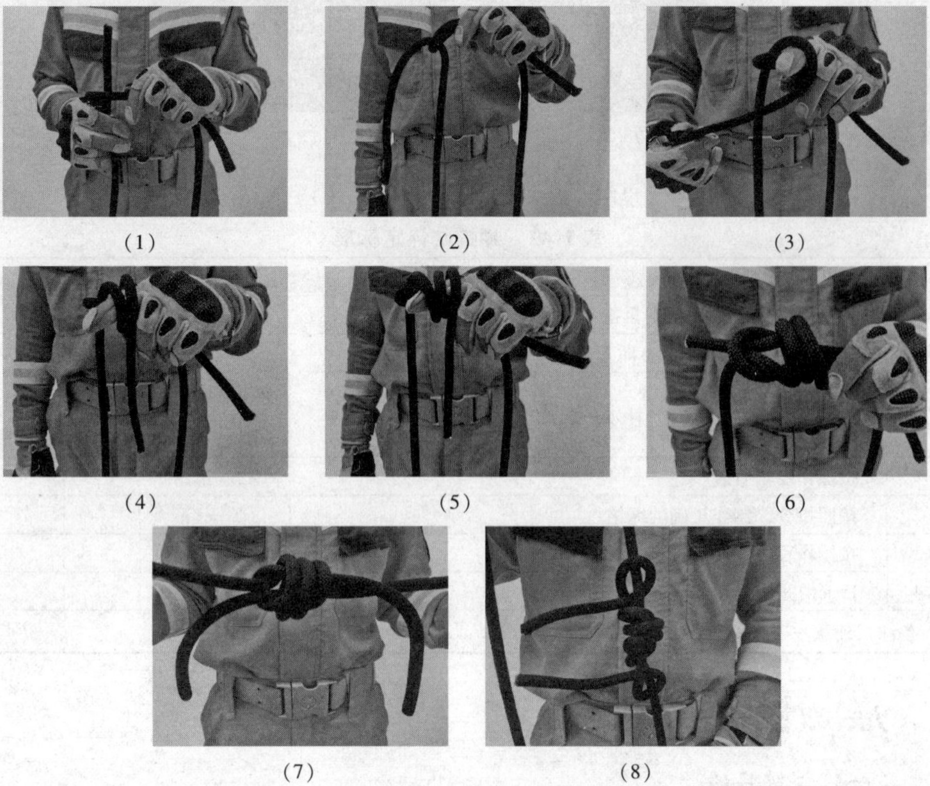

图 1-60　双重连结示意图

(5) 听到“操作完毕”的口令，参训人员将器材复位，面向指挥员喊“好”。

(6) 听到“入列”的口令，参训人员答“是”，并跑步入列。

(四) 操作要求

(1) 参训人员着抢险救援服、抢险救援靴，佩戴抢险救援头盔、抢险救援手套。

(2) 动作要正确、熟练。

(3) 绳结制作完毕后，余绳长度约 10 ~ 30 cm。

双重连结评定标准见表 1-48。

表 1-48 双重连结评定标准

任务：30 s 内完成双重连结操作					
考核要求：参训人员能够完成项目操作					
考核指令：计时从“开始”至参训人员喊“好”止					
序号	评判要点	单项完成情况		综合评定	
		完成	未完成	合格	不合格
1	按操作要求着装				
2	按照指令，制作正确的绳结				
3	余绳长度 10 ~ 30 cm				
4	拉紧后在细绳上做半结加固				
5	按操作程序完成任务				
6	30 s 内完成操作				
备注：任意一项未完成，综合评定“不合格”。					

十、活扣连结

(一) 训练目的

通过训练，使参训人员掌握活扣连结的结绳方法。

(二) 场地器材

在训练场上标出起点线，起点线前放置绳结架 1 个，绳结架上悬挂长 4 m 绳索 1 根，如图 1-61 所示。

图 1-61 活扣连结操作场地示意图

（三）操作程序

（1）参训人员在起点线一侧 3 m 处站成一列横队。

（2）听到“第一名出列”的口令，参训人员答“是”，并跑至起点线面向指挥员呈立正姿势。

（3）听到“准备”的口令，参训人员准备器材，做好操作准备。

（4）听到“开始”的口令，参训人员将绳索对折成两股，放于结绳架上；两绳头穿过半圈缠绕结绳架 2 圈，拉紧后举手示意喊“好”。

活扣连结操示意图如图 1-62 所示。

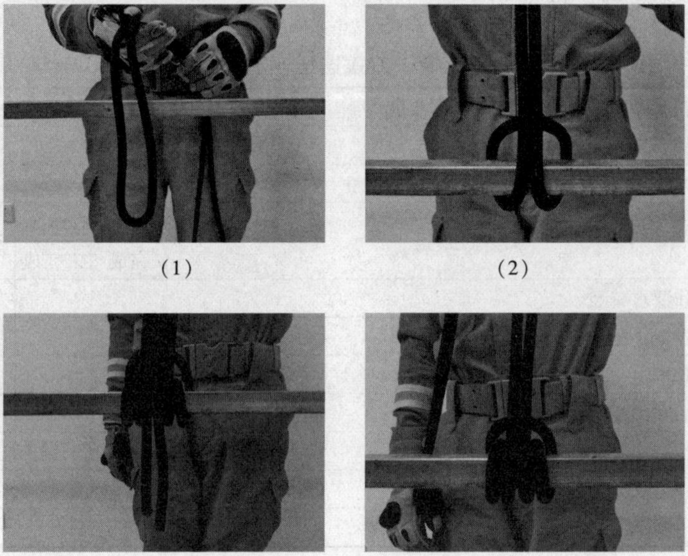

（1）（2）（3）（4）

图 1-62　活扣连结示意图

（5）听到“操作完毕”的口令，参训人员将器材复位，面向指挥员喊“好”。

（6）听到“入列”的口令，参训人员答“是”，并跑步入列。

（四）操作要求

（1）参训人员着抢险救援服、抢险救援靴，佩戴抢险救援头盔、抢险救援手套。

（2）动作要正确、熟练。

（3）缠绕结绳架的四股绳应并排紧靠，不得重叠。

活扣连结评定标准见表 1-49。

表 1-49 活扣连结评定标准

序号	评判要点	单项完成情况		综合评定	
任务：10 s 内完成活扣连结操作					
考核要求：参训人员能够完成项目操作					
考核指令：计时从“开始”至参训人员喊“好”止					
		完成	未完成	合格	不合格
1	按操作要求着装				
2	四股绳应并排紧靠，不得重叠缠绕				
3	按操作程序完成任务				
4	10 s 内完成操作				
备注：任意一项未完成，综合评定“不合格”。					

十一、双绕双结

（一）训练目的

通过训练，使参训人员掌握双绕双结的结绳方法。

（二）场地器材

在训练场上标出起点线，起点线前放置绳结架1个，绳结架上悬挂长4 m绳索1根，如图1-63所示。

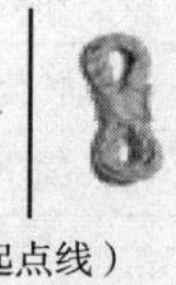

图 1-63 双绕双结操作场地示意图

（三）操作程序

（1）参训人员在起点线一侧3 m处站成一列横队。

（2）听到“第一名出列”的口令，参训人员答“是”，并跑至起点线面向指挥员呈立正姿势。

（3）听到“准备”的口令，参训人员准备器材，做好操作准备。

（4）听到“开始”的口令，参训人员用右手握住一端绳头，盘绕左臂两圈后，在长绳上打两个半结，拉紧后举手示意喊“好”。

双绕双结示意图如图1-64所示。

（5）听到“操作完毕”的口令，参训人员将器材复位，面向指挥员喊“好”。

（6）听到“入列”的口令，参训人员答“是”，并跑步入列。

（四）操作要求

（1）参训人员着抢险救援服、抢险救援靴，佩戴抢险救援头盔、抢险救援手套。

（2）动作要正确、熟练。

（3）两个半结完成后，必须成为一个卷结。

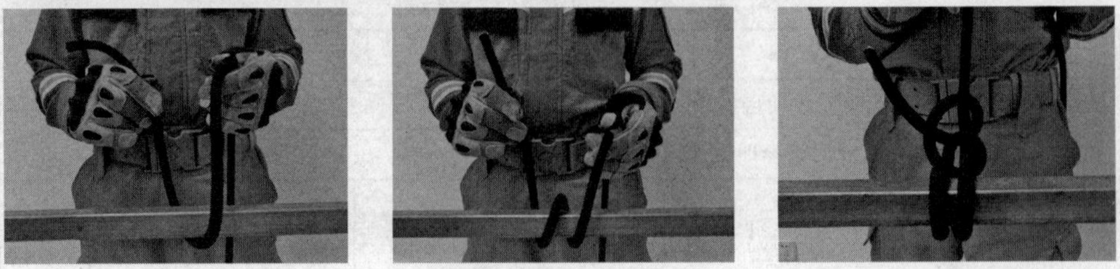

（1）（2）（3）

图 1-64　双绕双结示意图

双绕双结评定标准见表 1-50。

表 1-50　双绕双结评定标准

任务：10 s 内完成双绕双结操作					
考核要求：参训人员能够完成项目操作					
考核指令：计时从“开始”至参训人员喊“好”止					
序号	评 判 要 点	单项完成情况		综合评定	
		完成	未完成	合格	不合格
1	按操作要求着装				
2	余绳长度 10 ~ 30 cm				
3	在长绳上打两个半结，两个半结完成后，必须成为一个卷结				
4	按操作程序完成任务				
5	10 s 内完成操作				
备注：任意一项未完成，综合评定“不合格”。					

第九节　烟热适应训练

一、烟热室适应训练操

（一）训练目的

通过训练，提高参训人员在烟热环境行进的心理适应能力。

（二）场地器材

在烟热室入口前 3 m 处标出起点线，如图 1-65 所示。

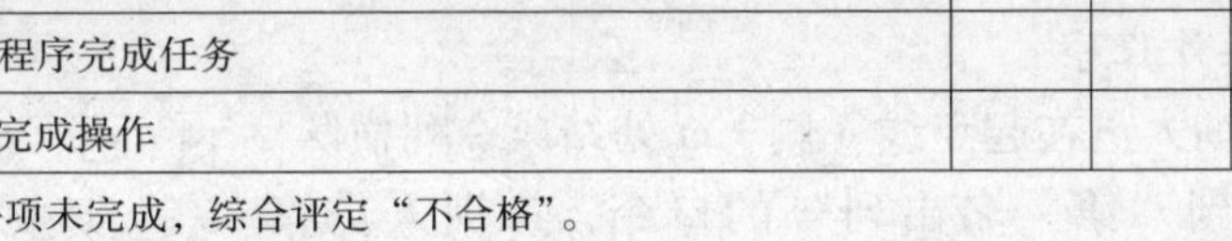

图 1-65　烟热适应训练操作场地示意图

（三）操作程序

（1）参训人员在起点线一侧3 m处站成一列横队。

（2）听到“第一名出列”的口令，参训人员答“是”，并跑至起点线面向指挥员呈立正姿势。

（3）听到“准备”的口令，参训人员佩戴好空气呼吸器，做好操作准备。

（4）听到“开始”的口令，参训人员由入口进入烟热室，采取匍匐或蹲步行进的方法，依次通过障碍至出口，返回起点线后，举手示意喊“好”。

（5）听到“操作完毕”的口令，参训人员将器材复位，面向指挥员喊“好”。

（6）听到“入列”的口令，参训人员答“是”，并跑步入列。

（四）操作要求

（1）参训人员着灭火防护服、灭火防护靴，佩戴消防头盔、消防安全腰带、阻燃头套、安全绳、腰斧、呼救器（与方位灯合一）、防爆照明灯、消防手套、正压式空气呼吸器（容积≥6.8 L、气瓶压力≥25 MPa）。

（2）烟热室发烟量应符合黑暗环境要求。

（3）训练中不得摘下面罩，不得破拆、移动障碍。

（4）训练时应利用监控系统实施全程监控。

烟热室适应性训练操评定标准见表1-51。

表1-51　烟热室适应性训练操评定标准

<table>
<tr><td colspan="6">任务：完成烟热室适应训练</td></tr>
<tr><td colspan="6">考核要求：参训人员能够完成项目操作</td></tr>
<tr><td colspan="6">考核指令：计时从“开始”至参训人员喊“好”止</td></tr>
<tr><td rowspan="2">序号</td><td rowspan="2">评判要点</td><td colspan="2">单项完成情况</td><td colspan="2">综合评定</td></tr>
<tr><td>完成</td><td>未完成</td><td>合格</td><td>不合格</td></tr>
<tr><td>1</td><td>按操作要求着装</td><td></td><td></td><td rowspan="4"></td><td rowspan="4"></td></tr>
<tr><td>2</td><td>行进过程中空气呼吸器面罩不得脱落</td><td></td><td></td></tr>
<tr><td>3</td><td>按操作程序完成任务</td><td></td><td></td></tr>
<tr><td>4</td><td>操作规范，动作连贯</td><td></td><td></td></tr>
<tr><td colspan="6">备注：任意一项未完成，综合评定“不合格”。</td></tr>
</table>

第二章 班组训练

班组，作为灭火救援行动力量构成的最小单元，一直是灭火救援行动中克敌制胜的关键力量，班组作战能力也是决定灭火救援成败的重要因素。围绕基本编成、基本指挥、基本队形和基本协同，加强班组基础操法的训练，促进班组各号员对灭火救援车辆装备的熟练操作，灵活运用班组灭火救援组织程序和技战术措施，进一步锤炼号员之间协同配合能力，确保提升灭火救援行动制胜合力。

第一节 平地操训练

一、平地操一

（一）场地器材

在长 80 m、宽 6 m 的道路上，一边设置有市政消火栓（或可供吸水的地面天然、人工水池）的场地，消防水罐车/水罐泡沫车 1 辆及随车器材，消防车停于水源一侧。

（二）人员着装

班长 1 人，驾驶员 1 人、战斗员 1 ~ 3 号员，共 5 人（班长、战斗员着消防战斗服、佩戴灭火救援头盔、着灭火救援靴，驾驶员着抢险救援服全套）。

（三）操作程序

（1）战斗班登车（车门关闭），做好准备后，班指挥员喊“准备完毕”。

（2）听到考核人员下达“假设前方 80 m 处为火场，火势不大、平地操一开始。”口令后，驾驶员启动消防车，战斗班组在班长指挥下进行战斗展开：驾驶员使用吸水管连接消火栓吸水；班长在距消防车约 55 m 处设置 1 分水器，协同 3 号员向前铺设 3 盘 ϕ80 mm 干线水带连接分水器；1、2 号员在分水器两出口各连接 1 盘 ϕ65 mm 水带，并出一支水枪呈立射姿势，待 1 号员举手示意供水；班长控制分水器，向驾驶员下达“供水”口令，确保 1 号员水枪射水，2 号员水枪待命不射水，待 1 号员水枪正常出水后（约 10 ~ 15 m 充实水柱）举手示意喊“好”。

（3）驾驶员听到“供水”口令，向前方供水，听到“好”口令后停水。

（4）听到“操作完毕”的口令，参训人员将器材复位，面向指挥员喊

“好”。听到“入列”的口令，参训人员答“是”，并跑步入列。

（四）注意事项

（1）平地一号操开始前，随车器材装备应按执勤战备要求摆放在指定位置，车上水应放空。

（2）战斗班组在一号操展开过程中可相互协作，完成规定战斗动作。

（3）各号员应按规定着装整齐、规范。战斗展开过程动作连贯、正确，无器材装备掉落现象发生，水带铺设无360°打卷或打折现象，卡扣连接牢固，水带无破损，后方取水和前方供水、出水正常。

（4）计时由“开始”口令下达到射水动作完成，班指挥员喊“好”为止。要求3.5 min内完成全部动作。

二、平地操二

（一）场地器材

长60 m、宽6 m，一边设置有市政消火栓（或可供吸水的地面天然、人工水池）的场地，消防水罐车/水罐泡沫车1辆及随车器材，消防车停于水源一侧。

（二）人员着装

班长1人，驾驶员1人、战斗员1~3号员，共5人（班长、战斗员着消防战斗服、佩戴灭火救援头盔、着灭火救援靴，驾驶员着抢险救援服全套）。

（三）操作程序

（1）战斗班登车（车门关闭），做好准备后，班指挥员喊“准备完毕”。

（2）听到考核人员下达“假设前方60 m处为火场，水源充足，火场跨度较大、平地操二开始。”口令后，驾驶员启动消防车，战斗班组在班长指挥下进行战斗展开：1、2号员各携带水枪和2盘ϕ65 mm水带在距消防车约15 m处向前方铺设并接上水枪，在距消防车约55 m处呈立姿射水姿势后举手示意供水；其余人员使用吸水管连接消火栓吸水，由消防车出水口各向前铺一盘水带连结1、2号员水带，班长看到1、2号员供水手势后向驾驶员下达“供水”口令，待1、2号员水枪正常出水后（约10~15 m水柱）举手示意喊“好”。

（3）驾驶员听到“供水”口令，向前方供水，听到“好”口令后停水。

（4）听到“操作完毕”的口令，参训人员将器材复位，面向指挥员喊“好”。听到“入列”的口令，参训人员答“是”，并跑步入列。

（四）注意事项

（1）平地二号操开始前，随车器材装备应按执勤战备要求摆放在指定位置，车上水应放空。

（2）战斗班组在二号操展开过程中可相互协作，完成规定战斗动作。

（3）各号员应按规定着装整齐、规范。战斗展开过程动作连贯、正确，无器材装备掉落现象发生，水带铺设无360°打卷或打折现象，卡扣连接牢固，水带无破损，后方取水和前方供水、出水正常。

（4）计时由“开始”口令下达到射水动作完成，班指挥员喊“好”为止。要求3～5 min内完成全部动作。

三、平地操三

（一）场地器材

长20 m、宽6 m，一边设置有市政消火栓（或可供吸水的地面天然、人工水池）的场地，高中低泵消防水罐车/水罐泡沫车1辆及随车器材，消防车停于水源一侧。

（二）人员着装

班长1人，驾驶员1人、战斗员1～3号员，共5人（班长、战斗员着消防战斗服、佩戴灭火救援头盔、着灭火救援靴，驾驶员着抢险救援服全套）。

（三）操作程序

（1）战斗班登车（车门关闭），做好准备后，班指挥员喊“准备完毕”。

（2）听到下达“假设前方20 m处为火场，燃烧面积不大、平地操三开始。”口令后，驾驶员启动消防车，战斗班组在班长指挥下进行战斗展开：1、2号员和班长在左右侧分别协力拉开卷盘；1、2号员持中（高）低泵车卷盘式喷雾水枪至距车约15 m处呈立姿射水姿势，举手示意供水；班长看到1、2号员举手示意后向驾驶员下达“供水”口令，看到水枪出水后举手示意喊“好”。

（3）3号员协助驾驶员使用吸水管吸水，听到“供水”口令，向水枪手供水，听到“好”口令后停水。

（4）听到“操作完毕”的口令，参训人员将器材复位，面向指挥员喊“好”。听到“入列”的口令，参训人员答“是”，并跑步入列。

（四）注意事项

（1）平地三号操开始前，随车器材装备应按执勤战备要求摆放在指定位置，车上水应放空。

（2）战斗班组在三号操展开过程中可相互协作，完成规定战斗动作。

（3）各号员应按规定着装整齐、规范。战斗展开过程动作连贯，正确，无器材装备掉落现象发生，水枪手应距假设火场约5 m距离，后方取水和前方供水、出水正常。

（4）计时由“开始”口令下达到射水动作完成，班指挥员喊“好”为止。要求在3～5 min完成全部动作。

第二节　油类操训练

一、油类操一

（一）场地器材

长 60 m、宽 6 m，一边设置有市政消火栓（或可供吸水的地面天然、人工水池）的场地，消防水罐车/水罐泡沫车 1 辆及随车器材，消防车停于水源一侧。

（二）人员着装

班长 1 人，驾驶员 1 人、战斗员 1～3 号员，共 5 人（班长、战斗员着消防战斗服、佩戴灭火救援头盔、着灭火救援靴，驾驶员着抢险救援服全套）。

（三）操作程序

（1）战斗班登车（车门关闭），做好准备后，班指挥员喊“准备完毕”。

（2）听到下达“假设前方 60 m 处小型油漆库着火，油类操一开始。”口令后，驾驶员启动消防车，战斗班组在班长指挥下进行战斗展开：3 号员由消防车铺设 1 盘 ϕ65 mm 水带连接 1 号员水带；1、2 号员使用空气呼吸器供气，1 号员携泡沫管枪，铺设 2 盘 ϕ65 mm 水带至 55 m 处，连接吸液管和泡沫管枪呈立射姿势，举手示意供水；2 号员扛泡沫液桶，携带吸液管，配合 1 号员连接泡沫吸液管；班长看 1 号员举手示意后向驾驶员下达“供水”口令，待确认泡沫管枪出泡沫后举手示意喊“好”。

（3）驾驶员连接吸水管吸水，听到“供水”口令后向前方供水，听到“好”口令后停水。

（4）听到“操作完毕”的口令，参训人员将器材复位，面向指挥员喊“好”。听到“入列”的口令，参训人员答“是”，并跑步入列。

（四）注意事项

（1）油类一号操开始前，随车器材装备应按执勤战备要求摆放在指定位置，车上水应放空。

（2）战斗班组在一号操展开过程中可相互协作，完成规定战斗动作，班长应在确认泡沫枪出泡沫后喊“好”。

（3）各号员应按规定着装整齐、规范。战斗员可在车上检查并佩戴好空气呼吸器，未开始不得佩戴面罩，战斗展开过程动作连贯，正确，无器材装备掉落现象发生，水带铺设无 360°打卷或打折现象，卡扣连接牢固，水带无破损，泡沫吸液管连接牢固，取水和供水、出泡沫正常。

（4）计时由“开始”口令下达到泡沫管枪喷射泡沫动作完成，班指挥员喊“好”为止。要求在3 min完成全部动作。

二、油类操二

（一）场地器材

60 m长、6 m宽，一边设置有市政消火栓（或可供吸水的地面天然、人工水池）的场地，消防泡沫车1辆及随车器材，消防车停于水源一侧。

（二）人员着装

班长1人，驾驶员1人、战斗员1～3号员，共5人（班长、战斗员佩戴空气呼吸器、着消防战斗服、佩戴灭火救援头盔、着灭火救援靴，驾驶员着抢险救援服全套）。

（三）操作程序

（1）战斗班登车（车门关闭），做好准备后，班指挥员喊“准备完毕”。

（2）听到下达“假设前方60 m处油品库着火，油类操二开始”口令后，驾驶员启动消防车，战斗班组在班长指挥下进行战斗展开：驾驶员使用吸水管吸水，调节泡沫比例混合器，做好供泡沫灭火剂准备；1、2号员使用空气呼吸器供气，各持2盘ϕ65 mm水带，携泡沫管枪到前方15～20 m处铺设水带至55 m处连接泡沫管枪呈立射姿势举手示意供水；3号员、驾驶员在两侧各铺设1盘ϕ65 mm水带，连接1、2号员水带；班长见1、2号员举手示意后，向驾驶员下达“供泡沫液”的口令，在确认1、2号员泡沫管枪喷射泡沫液正常后举手示意喊“好”。

（3）驾驶员听到班长“供泡沫液”口令后，向前方供泡沫液，听到“好”口令后停止供应泡沫液。

（4）听到“操作完毕”的口令，参训人员将器材复位，面向指挥员喊“好”。听到“入列”的口令，参训人员答“是”，并跑步入列。

（四）注意事项

（1）油类二号操开始前，随车器材装备应按执勤战备要求摆放在指定位置，车上水应放空。

（2）战斗班组在二号操展开过程中可相互协作，完成规定战斗动作，驾驶员应正确操作泡沫比例混合器，班长应在确认泡沫管枪出泡沫后喊“好”。

（3）各号员应按规定着装整齐、规范。战斗员可在车上检查并佩戴好空气呼吸器，未开始不得佩戴面罩，战斗展开过程动作连贯、正确，无器材装备掉落现象发生，水带铺设无360°打卷或打折现象，卡扣连接牢固，水带无破损，取水和供水、出泡沫正常。

（4）计时由“开始”口令下达到泡沫管枪喷射泡沫动作完成，班指挥员喊“好”为止。要求3 min内完成全部动作。

三、油类操三

(一) 场地器材

长 50 m、宽 6 m，一边设置有市政消火栓（或可供吸水的地面天然、人工水池）的场地，消防泡沫车 1 辆及随车器材，消防车停于水源一侧。

(二) 人员着装

班长 1 人，驾驶员 1 人、战斗员 1～3 号员，共 5 人（班长、战斗员着消防战斗服、佩戴空气呼吸器、消防头盔，穿消防靴，驾驶员着抢险救援服全套）。

(三) 操作程序

(1) 战斗班登车（车门关闭），做好准备后，班指挥员喊“准备完毕”。

(2) 听到下达“假设前方 50 m 处有一 200 m^2 油池着火，火势较为凶猛，油类操三开始。”口令后，驾驶员启动消防车，战斗班组在班长指挥下进行战斗展开：驾驶员使用吸水管吸水，调整泡沫比例混合器，待听到“供泡沫液”口令后，向前方供泡沫液；1 号员扛移动泡沫炮，班长和 2 号员各携带 2 盘 ϕ65 mm 水带连接消防车向前方铺设，至 35 m 处连接移动泡沫炮完毕，1、2 号员呈蹲姿，班长向驾驶员下达“供泡沫液”口令，待确认泡沫炮正常喷射泡沫灭火剂后举手示意喊“好”。

(3) 驾驶员听到班长“供泡沫液”口令后，向前方供泡沫液，听到“好”口令后停止供应泡沫液。

(4) 听到“操作完毕”的口令，参训人员将器材复位，面向指挥员喊“好”。听到“入列”的口令，参训人员答“是”，并跑步入列。

(四) 注意事项

(1) 油类三号操开始前，随车器材装备应按执勤战备要求摆放在指定位置，车上水应放空。

(2) 战斗班组在三号操展开过程中可相互协作，完成规定战斗动作，驾驶员应正确操作泡沫比例混合器，班长应在确认泡沫炮正常喷射泡沫后喊“好”。

(3) 各号员应按规定着装整齐、规范。战斗展开过程动作连贯，正确，无器材装备掉落现象发生，水带铺设无 360°打卷或打折现象，卡扣连接牢固，水带无破损，取水和供水、出泡沫正常。

(4) 计时由“开始”口令下达到泡沫炮喷射泡沫灭火剂动作完成，班指挥员喊“好”为止。要求在 3～5 min 完成全部动作。

第三节　楼层操训练

一、楼层操一

（一）场地器材

设置有市政消火栓（或可供吸水的地面天然、人工水池）及4层或以上建筑的场地（消防站门口有消火栓或消防站有配训练用消防水池的场地可设置在站内，4层建筑物可以训练塔替代），消防水罐/泡沫车1辆及随车器材，消防车停于水源一侧。

（二）人员着装

班长1人，驾驶员1人、战斗员1～3号员，共5人（班长、战斗员着消防战斗服、消防头盔、消防靴、佩戴空气呼吸器和个人装备，驾驶员着抢险救援服全套）。

（三）操作程序

（1）战斗班登车（车门关闭），做好准备后，班指挥员喊“准备完毕”。

（2）听到下达“假设前方楼房3层着火，无人员被困，沿楼梯铺设水带，楼层操一开始。”口令后，驾驶员启动消防车，战斗班组在班长指挥下进行战斗展开：驾驶员连接吸水管吸水，在消防车出水口连接1～3盘水带，与3号员水带衔接。

（3）听到“供水”口令后向前方供水，听到1、2号员喊“好”口令后停水。班长携带分水器和1盘ϕ80 mm水带、在3层楼梯间设置分水器后，向下沿楼梯铺设水带，待1、2号员示意“供水”后向驾驶员下达“供水”口令，同时打开分水器开关向1、2号员供水；1、2号员使用空气呼吸器供气各携带1支水枪和2盘ϕ65 mm水带，在分水器处连接水带分别向3层、4层楼层铺设1盘水带连接水枪至楼层窗口呈立射姿势举手示意供水，另1盘水带放于身侧作备用，水枪正常出水后（充实水柱10～15 m）举手示意喊“好”；3号员携带1盘水带从班长铺设的水带处往下继续铺设，直至地面，并协助驾驶员铺设水带连接消防车。

（4）听到“操作完毕”的口令，参训人员将器材复位，面向指挥员喊“好”。听到“入列”的口令，参训人员答“是”，并跑步入列。

（四）注意事项

（1）楼层一号操开始前，随车器材装备应按执勤战备要求摆放在指定位置，车上水应放空。

（2）战斗班组在一号操展开过程中可相互协作，完成规定战斗动作。

(3) 各号员应按规定着装整齐、规范。战斗员可在车上检查并佩戴好空气呼吸器，未开始不得佩戴面罩，1、2 号员空气呼吸器应在听到“开始”口令后至进入楼层前佩戴完毕。战斗展开过程动作连贯、正确，无器材装备掉落现象发生，水带铺设无 360°打卷或打折现象，卡扣连接牢固，水带无破损，取水和供水、出水正常。

(4) 计时由“开始”口令下达到1、2 号员水枪均出水后喊“好”为止。要求在 3 ~5 min 完成全部动作。

二、楼层操二

(一) 场地器材

设置有市政消火栓（或可供吸水的地面天然、人工水池）及 4 层或以上建筑的场地（消防站门口有消火栓或消防站配有训练用消防水池的场地可设置在站内，4 层建筑物可以训练塔替代)，消防水罐/泡沫车 1 辆及随车器材，消防车停于水源一侧。

(二) 人员着装

班长 1 人，驾驶员 1 人、战斗员 1 ~3 号员，共 5 人（班长、战斗员着消防战斗服、佩戴空气呼吸器和个人防护装备，驾驶员需着抢险救援服全套)。

(三) 操作程序

(1) 战斗班登车（车门关闭)，做好准备后，班指挥员喊“准备完毕”。

(2) 听到考核人员下达“假设前方楼房 3 层着火，无人员被困，垂直铺设水带，楼层操二开始。”口令后，驾驶员启动消防车，战斗班组在班长指挥下进行战斗展开：班长、战斗员佩戴好空气呼吸器供气；1、2 号员各携带 2 盘 ϕ65 mm 水带和水枪、水带挂钩，分别沿楼梯到达指定的3、4 层楼设立水枪阵地，连接水枪面向楼层靠检查考核人员一侧窗口呈立射姿势举手示意；班长、3 号员各携2 盘水带随1、2 号员同行；1、3 号员、2 号员与班长分别协同垂直铺设所需水带，留下前方工作水带，并将水带用挂钩固定在窗台、阳台或走廊边缘，然后班长在水枪阵地指挥。3 号员使用水带挂钩到下层楼固定水带；班长检查供水线路连接和水枪阵地部署完毕后举手示意向驾驶员下达“供水”口令，待水枪正常射水后（充实水柱 10 ~15 m）举手示意喊“好”。

(3) 驾驶员使用吸水管吸水，在地面接住楼层垂直的水带，连接在消防车出水口上，或从消防车出水口铺设水带，与垂直铺至地面的水带衔接，待班长下达“供水”口令后向前方供水，待班长举手示意喊“好”后，停止供水。

(4) 听到“操作完毕”的口令，参训人员将器材复位，面向指挥员喊“好”。听到“入列”的口令，参训人员答“是”，并跑步入列。

（四）注意事项

（1）楼层二号操开始前，随车器材装备应按执勤战备要求摆放在指定位置，车上水应放空。

（2）战斗班组在二号操展开过程中可相互协作，完成规定战斗动作。

（3）各号员应按规定着装整齐、规范。班长、战斗员可在车上检查并佩戴好空气呼吸器，未开始不得佩戴面罩，空气呼吸器应在听到“开始”口令后至进入楼层前佩戴完毕。战斗展开过程动作连贯，正确，无器材装备掉落现象发生，水带铺设无360°打卷或打折现象，水带挂钩、卡扣连接牢固，水带无破损，取水和供水、出水正常。

（4）计时由“开始”口令下达到1、2号员水枪均出水后喊“好”为止。要求5 min内完成全部动作。

三、楼层操三

（一）场地器材

设置有市政消火栓（或可供吸水的地面天然、人工水池）及2层或以上建筑的场地（消防站门口有消火栓或消防站或配有训练用消防水池的场地可设置在站内，2层建筑物可用训练塔或营房替代），消防水罐/泡沫车1辆及随车器材，消防车停于水源一侧。

（二）人员着装

班长1人，驾驶员1人、战斗员1～3号员，共5人（班长、战斗员着消防战斗服、佩戴空气呼吸器和个人防护装备，驾驶员需着抢险救援服全套）。

（三）操作程序

（1）战斗班登车（车门关闭），做好准备后，班指挥员喊“准备完毕”。

（2）听到下达“假设前方楼房2层着火，无人员被困，楼层操三开始。”口令后，驾驶员启动消防车，战斗班组在班长指挥下进行战斗展开：3号员架设两节拉梯并扶稳消防梯；班长在消防车前视情况铺设1～2盘ϕ80 mm水带，接上分水器，向驾驶员下达“供水”口令，控制分水器分别给2号员、1号员供水，待1号员进入楼层、2号员沿梯在窗口设立水枪阵地呈射水姿势后喊“好”；1、2号员在分水器前各铺设1～2盘ϕ65 mm水带，2号员持水枪在地面切封窗口火焰，掩护1号员从消防梯攀上窗口；1号员使用空气呼吸器供气后沿梯在窗口设水枪阵地，打击室内火势，再向上部和地板射水试探强度，然后关闭水枪深入室内呈跪射姿势射水；2号员随后关闭水枪沿消防梯上窗台，在窗口向室内呈射水姿势。

（3）驾驶员采用吸水管吸水，听到班长“供水”口令后向前方供水，听到“好”口令后停止供水。

（4）听到“操作完毕”的口令，参训人员将器材复位，面向指挥员喊“好”。听到“入列”的口令，参训人员答“是”，并跑步入列。

（四）注意事项

（1）楼层三号操开始前，随车器材装备应按执勤战备要求摆放在指定位置，车上水应放空。

（2）战斗班组在三号操展开过程中可相互协作，完成规定战斗动作。

（3）各号员应按规定着装整齐、规范。班长、战斗员可在车上检查并佩戴好空气呼吸器，未开始不得佩戴面罩，1 号员空气呼吸器面罩应在登梯前佩戴完毕供气。二节梯架设正确，梯子上端必须超出窗台两个梯磴，两个撑脚必须锁牢。战斗员登梯和向室内移动前应关闭水枪，沿二节梯在窗口设置水枪阵地时姿势正确（1 脚踏梯磴，1 脚钩住梯磴）双手抱水枪。战斗展开过程动作连贯，正确，无器材装备掉落现象发生，水带铺设无 360°打卷或打折现象，水带挂钩、水带无破损，取水和供水、出水正常。

（4）利用梯类登高时战斗员应逐级攀登。

（5）计时由“开始”口令下达到 2 号员沿梯在窗口设施水枪阵地动作完成，班长喊“好”为止。要求 5 min 内完成全部动作。

第三章　应用训练

应用训练是提高消防救援队伍战斗力的重要手段，是确保指战员生命安全和消防救援事业发展的关键要素。安全训练工作要立足新时期灭火救援实战要求，坚持实战实训，利用真烟真火训练设施积极开展模拟浓烟、黑暗、高温和密闭空间等环境中的实战训练及梯次掩护、紧急撤离、逃生自救等单人、合成安全专项训练，引导全体消防救援人员掌握各类灾害事故特点、作战行动要求、安全注意事项和紧急避险能力。

第一节　消防设施应用

一、消防控制室应用

（一）训练目的

通过对消防控制室操作的学习，使参训人员熟练掌握单位消防管理系统或设备运行信息、监视火灾蔓延态势、控制消防设备动作、组织人员疏散、发布处置命令的场所，以便于消防救援队伍在高层火灾扑救中开展火情侦查、判断烟气蔓延方向、部署战斗力量、确定进攻路线、建立火场通信。

（二）消防控制室基础知识

1. 消防控制室概况

消防控制室（见图3-1）是日常管理建筑消防设施和火灾应急处理的专门场所，用于接收、显示、处理火灾报警信号，控制相关的建筑消防设施。

图3-1　消防控制室

消防控制室内通常设置火灾报警控制器、图形显示装置、应急广播系统、消防电话总机等设施设备，一般会存放建筑总平面图、楼层平面图、消防系统设计施工资料等文件，并设有建筑内部及周边的视频监控系统，如图 3-2 所示。

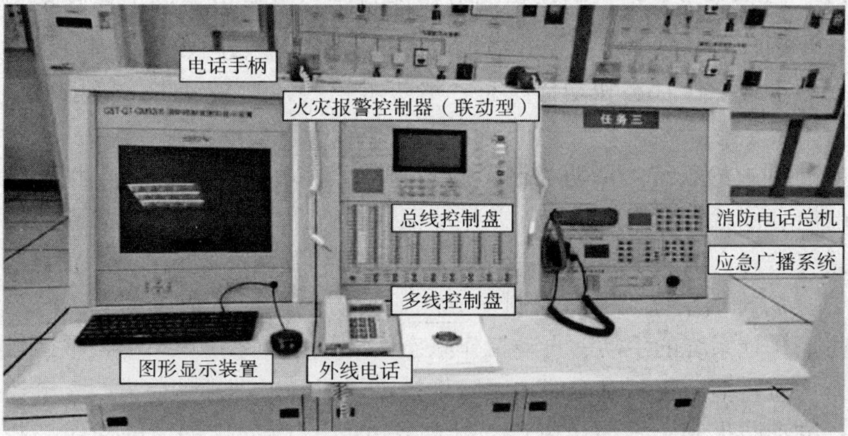

图 3-2　消防控制室的主要设备

2. 消防控制室的设置要求

（1）耐火等级。为保证消防控制室内的人员能在火灾发生时不受威胁，消防控制室最好独立设置，其耐火等级不应低于二级。当必须附设在建筑物内部时，宜设在建筑物的首层或地下一层，并采用耐火极限不低于 2 h 的隔墙和 1.5 h 的楼板与其他部分隔开，其安全出口应直通室外，控制室的门应选用不低于乙级的防火门，门朝疏散方向开启。

（2）标志标识（见图 3-3）。为了便于消防员寻找，消防控制室门上应设置明显标志。如果消防控制室设在建筑物的首层，消防控制室门的上方应设标志牌或标志灯，地下室内的消防控制室门上的标志必须是带灯光的装置。

图 3-3　消防控制室标识

3. 消防控制室的设备组成

消防控制室应至少由火灾报警控制器（接收）、消防联动控制器（控制）、消防控制室图形显示装置（显示）等设备组成，用于监控消防系统及其相关设备（包括火灾探测报警、自动灭火、防烟排烟等消防系统或设备），显示相应设备的动态信息和消防管理信息，向远程监控中心传输火灾报警及其他相应信息。

4. 消防控制室的联动功能

（1）自动灭火系统。消防控制室应能显示喷淋泵电源的工作状态，喷淋泵的启、停状态和故障状态，并显示水流指示器、信号阀、报警阀、压力开关等设备的正常工作状态和动作状态、消防水箱（池）最低水位信息和管网最低压力报警信息。

（2）消火栓系统。消防控制室应能显示消防水泵电源的工作状态，消防水泵的启、停状态和故障状态，并显示消火栓按钮的正常工作状态和动作状态及位置等信息、消防水箱（池）最低水位信息和管网最低压力报警信息。

（3）防排烟系统。消防控制室应能显示防烟排烟系统风机电源的工作状态，防烟排烟系统的手动、自动工作状态及防烟排烟系统风机的正常工作状态和动作状态。消防控制室应能控制防烟排烟风机和电动排烟防火阀、电控挡烟垂壁、电动防火阀、常闭送风口、排烟阀（口）电动排烟窗的动作，并显示反馈信号。

（4）应急广播系统。消防控制室应能显示处于应急广播状态的广播分区、预设广播信息以及应急广播的故障状态。消防控制室应能分别通过手动和按照预设控制逻辑自动选择广播分区，启动或停止应急广播，并在扬声器进行应急广播时自动对广播内容进行录音。

（5）消防电话。消防控制室应能与各消防电话分机通话，并具有插入通话功能，接受来自消防电话插孔的呼叫，并能通话；有消防电话通话录音功能；显示消防电话的故障状态。

（6）消防电梯。消防控制室应能控制所有电梯全部回降首层，非消防电梯应开门停用，消防电梯应开门待用，并显示反馈信号及消防电梯运行时所在楼层。消防控制室应能显示消防电梯的故障状态和停用状态。

（三）设置要求

1. 人员配置

依托大队“1 + *N*”建队模式，进行人员编组。“1”指大队本级建立一个由大队领导、防火参谋及消防特勤人员组成的操作指挥小组，成员一般为 4 人，由大队值班人员轮流担任；“*N*”指大队下辖的每个消防救援站分别建立由指挥员和业务骨干组成的设施操作班组，成员不少于 3 人，实行 24 h 驻勤备战。

2. 个人防护装备

全体成员应穿着灭火防护服、靴，佩戴消防头盔，在灭火防护服外部套穿橙黄色反光背心并佩戴袖标，根据要求佩戴通信设备并保持通信畅通。

消防站操作班组人员在此基础上，佩戴灭火防护头套、消防手套、消防腰带、自救安全绳、呼救器、方位灯、照明灯等基本防护装备，携带空气呼吸器。器材配置标准见表3-1。

表3-1　器材配置标准

序号	名称	数量	备注
1	手提式强光照明灯	2部	
2	插孔式消防电话	2部	3.5 m、6.5 m接口处各1部
3	红外热成像仪	1具	
4	测温仪	1具	
5	消火栓扳手	2部	磁吸式、地下式各1部
6	哈利根铁铤	1具	
7	防汛沙袋（或其他阻水器材）	1套	防汛沙袋4~6个
8	常用五金工具箱	1套	包括活动扳手、尖嘴钳、万能表、十字起、管钳等

（四）操作程序

发生高层火灾后，所在消防站班组任务涉及消防控制室、特殊设备房、建筑内部、水泵接合器等。

（1）查看控制器主机、图形显示器及视频监控，侦察火情，判断起火部位、火灾发展程度及火灾蔓延趋势。

（2）查看联动控制器，核对消防泵、防火卷帘、防排烟风机的启动情况，查看消防电梯、普通客梯的控制情况。

（3）查看应急广播启动情况，掌握人员疏散情况。

（4）向大队指挥员汇报火情侦查结果、人员疏散情况和消防设施动作情况。

（5）占据特殊设备房，视情启用气体灭火系统或大空间射流灭火系统。

（6）建筑消防设施发生故障或联动启动失败，则迅速组织维保单位技术人员、着火单位工程技术人员、水电工等迅速排查维修或现场启动相应设施。

另一名指挥员带领一名参训人员进入建筑内部，核查以下情况：

（1）在首层检查室内消火栓是否有水，在着火层检测室内消火栓、喷淋管网压力是否充足，确认消防泵启动效果。

（2）在首层检查消防电梯、普通客梯迫降和控制情况。

（3）在充烟楼层核查防排烟设备和防火分隔设备动作情况和效果。

（4）在着火层对消防电梯进行防水封堵。

（5）维修缺少接口的墙壁消火栓。

（6）若高层建筑存在接力泵，进入设备层检查接力泵启动情况。

一名参训人员占据水泵接合器，辨识水泵接合器的类型和高、低分区情况，引导供水小组完成高层供液。

（五）消防控制室及其联动系统在火场运用

1. 火情侦察

（1）设置有火灾自动报警和自动喷水灭火系统的建筑发生火灾，参训人员在外围侦查的同时，应进入消防控制室进行火情侦察。

（2）通过火灾控制器液晶显示屏可以了解首警的位置和时间，初步确定起火楼层部位、火灾范围，并根据报警序号和报警位置，确定火势发展蔓延的趋势。

2. 引导人员疏散

（1）通过消防广播引导着火层、火灾上下层的人员正确疏散，视建筑火势发展变化情况，通知有关楼层内的被困人员向底层或顶层疏散，或向避难层逃生，等待救援。

（2）向其他楼层的人员通报情况，稳定情绪，防止建筑内人员无序疏散，造成疏散通道拥堵，防止惊慌、拥挤和跳楼等情况发生。

3. 远程控制消防设施

（1）了解建筑消防设施启动情况，如没有自动启动，应在消防控制室进行远程启动。

（2）远程启动泵房内的喷淋泵及消火栓泵，保证固定消防设施的供水。

（3）远程启动防火分隔设施，下降着火区域周围的防火卷帘，开启防火水幕进行隔断。

（4）远程启动机械防排烟系统，阻止火势和烟气的蔓延扩大。

（5）启动语音广播系统，引导现场被困人员有序疏散。

二、室内消火栓系统应用

（一）室内消火栓系统概况

1. 概念及作用

室内消火栓系统是室内管网向火场供水，开展灭火行动的固定消防设施，通过平时自动保压、使用时手动操作、出水后自动启泵的方式保证其灭火的有效性和可靠性。

2. 系统组成

室内消火栓系统如图 3-4 所示。

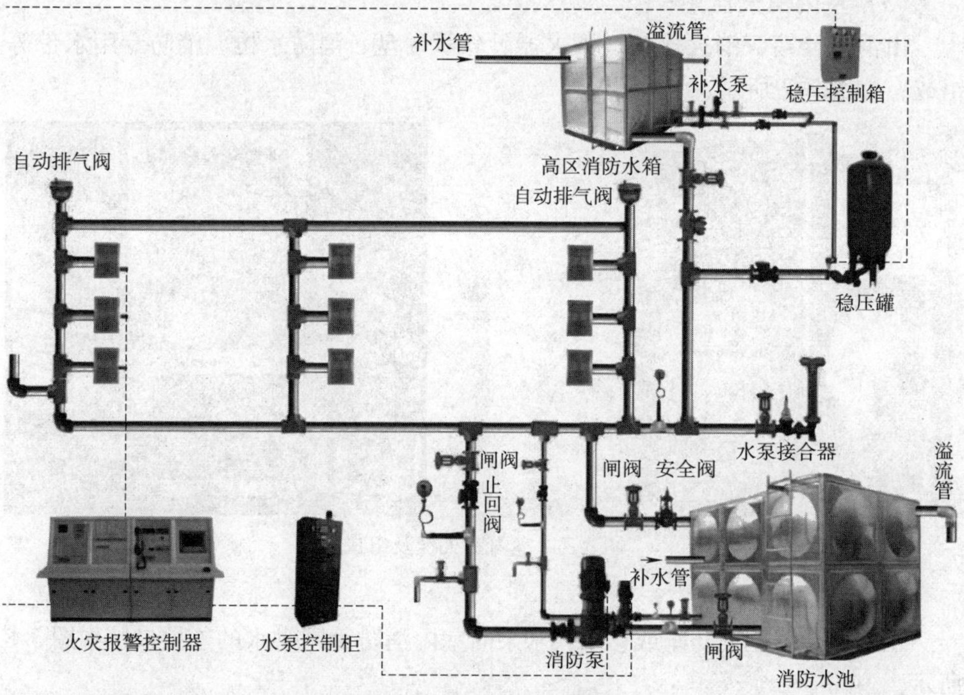

图 3-4　室内消火栓系统的组成

（1）稳压装置

室内消火栓系统的稳压装置通常由高区消防水箱、增压稳压泵和稳压罐等设施组成，通常设置于消防水泵房或高区消防水箱附近，用于稳定室内消火栓系统最不利点的水压，实现系统平时自动保压，如图 3-5 所示。

（2）给水设施

室内消火栓的给水设施主要由消防水池、消防水泵、水泵控制柜、低压压力开关、流量开关等部件组成，如图 3-6 所示。

图 3-5　室内消火栓系统的稳压装置

图 3-6　室内消火栓系统的给水系统

（3）室内消火栓

由消火栓箱、消火栓头、灭火器、软管卷盘、消防水枪、消防专用水带等组成，如图 3-7 所示。

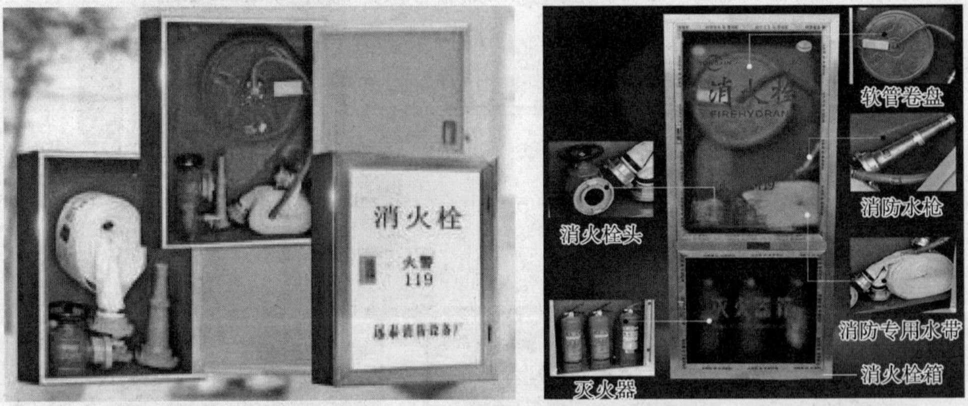

图 3-7　室内消火栓及组成

（4）水泵接合器

水泵接合器是消防车或移动式水泵向室内消防管网供水的连接口，如图 3-8 所示。

图 3-8　水泵接合器

（5）配水管网

配水管网包括管道及各类阀门、接头等。

3. 供水形式

在工程实践中，室内消防给水系统通常分为一泵到顶、水泵并联、“泵 + 箱”串联、“泵 + 泵”串联、重力供水等常见供水形式。

（1）一泵到顶

在建筑底层设置消防水池、消防水泵，屋顶设高位消防水箱及消防稳压泵，如图 3-9 所示。

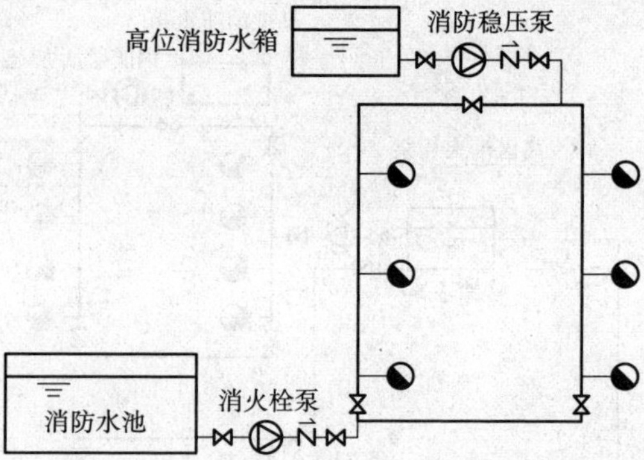

图 3-9　“一泵到顶”供水形式

（2）水泵并联

室内消火栓管网分为高区、低区。高区、低区管网分别设置高位消防水箱及稳压装置，在建筑底层分别设置高区、低区两组消火栓泵向各自分区供水，如图 3-10 所示。

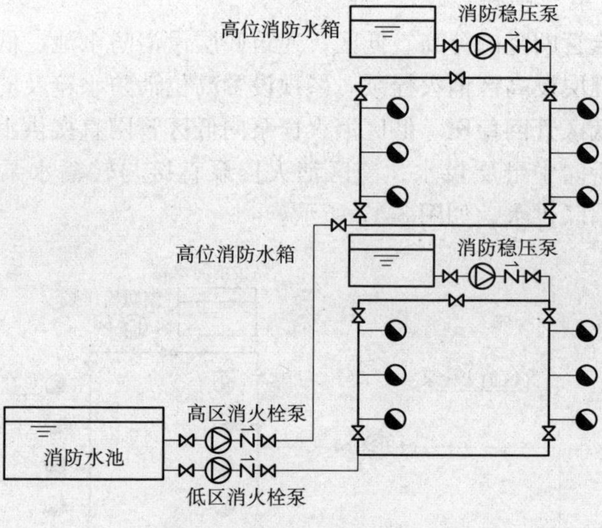

图 3-10　水泵并联供水形式

（3）“泵 + 箱”串联

室内消火栓管网竖向分区，建筑底层设消防水池、低区消火栓泵及转输水泵，避难层（设备层）设转输水箱及高区消火栓泵。转输水箱兼做低区管网的高位消防水箱，屋顶设置高区管网的高位消防水箱及消防稳压泵。低区消火栓泵向低区管网直接供水，转输水泵从消防水池取水后输送至转输水箱，高区消火栓泵从转输水箱取水后直供高区管网，如图 3-11 所示。

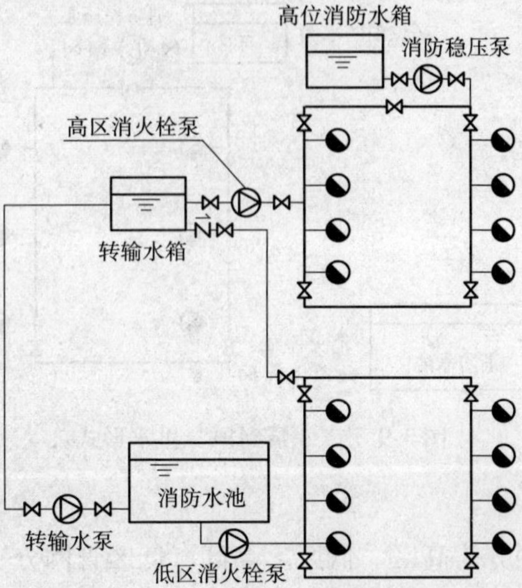

图 3-11 “泵 + 箱”串联供水形式

（4）“泵 + 泵”串联

室内消火栓管网竖向分高、低区，建筑底层设消防水池、低区消火栓泵及转输水泵，中继层设高区消火栓泵。屋顶设置高位消防水箱及消防稳压泵，并通过减压阀给低区管网稳压。低区消火栓泵向低区管网直接供水，转输水泵从消防水池取水后向中继层供水，高区消火栓泵直接与转输水泵出水口连接吸水，双泵耦合串联供水，如图 3-12 所示。

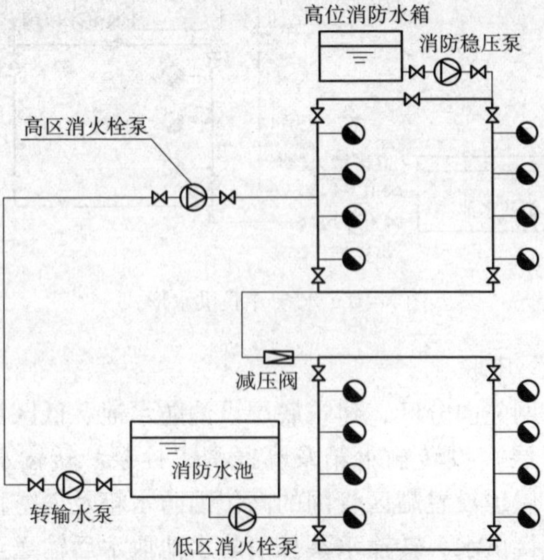

图 3-12 “泵 + 泵”串联供水形式

（5）重力供水

①灭火管网。建筑屋顶设高位消防水池，储存一次性灭火全部水量，依靠重力落差使水进入室内消防管网，并通过减压阀、减压水箱进行分区减压，满足室内消火栓系统和自动喷水灭火系统的灭火用水，发生火灾时不需要启动转输水泵即可满足消防用水要求。重力供水压力不足的区域，设消火栓泵、稳压泵进行加压补压。

②补水管网。建筑底层设置消防水池和转输水泵，避难层（设备层）设转输水箱和转输水泵，采用串联接力的方式，通过独立竖管自底层消防水池向高位消防水池转输补水。工程实践中转输水箱和减压水箱往往在避难层合并设立，称为减压转输水箱。重力供水形成如图 3-13 所示。

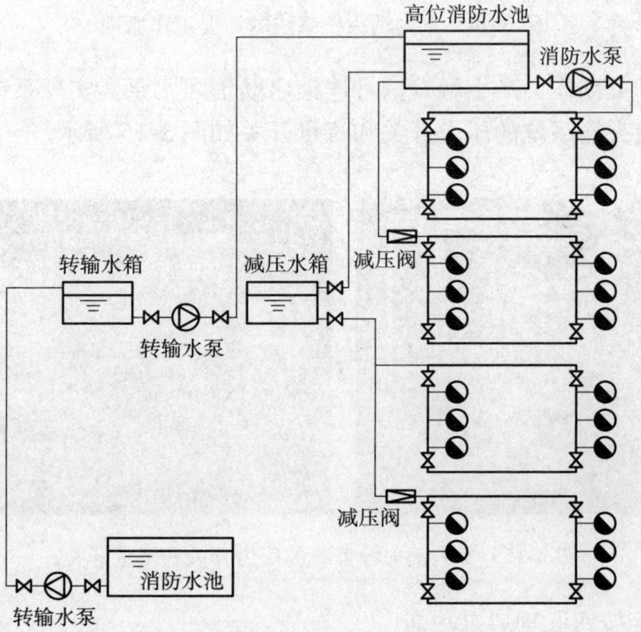

图 3-13　重力供水形式

（二）室内消火栓系统的实战功能

火灾情况下，室内消火栓系统出水灭火的简要工作原理如图 3-14 所示。

1. 平时自动保压功能

室内消火栓系统的管网内平时有水，通过稳压系统进行稳压。

2. 出水后连锁启泵功能

火灾发生时，展开消防水带，连接消火栓栓头和水枪，打开消火栓阀门出水灭火。此时，设置在消防水泵出水管上的低压压力开关和高区消防水箱出水

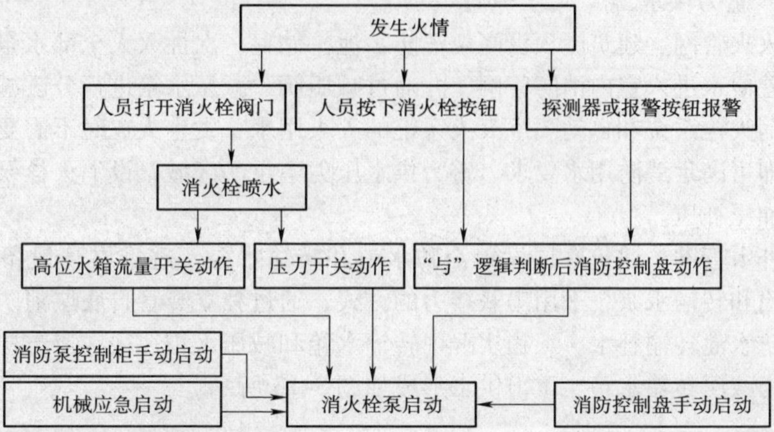

图 3-14　室内消火栓系统的简要工作原理

管上的流量开关动作，产生触发信号连锁启动消防水泵，实现系统出水后自动启泵。室内消火栓系统的压力开关和流量开关如图 3-15 所示。

图 3-15　室内消火栓系统的压力开关和流量开关

3. 消火栓按钮联动启泵功能

按下消火栓按钮，不会直接启动消防水泵，它发出的报警信号会被火灾报警控制器接收。此时，在同一报警区域有火灾探测器或手动报警按钮被触发，则共同组成联动触发信号，由联动控制器控制消防水泵启动，如图 3-16 所示。

（三）室内消火栓系统的应用技术

1. 消火栓泵手动启动方法

消火栓泵的手动启动方法，通常分为消防控制室远程手动启动和消防水泵房现场手动启动两种方式。

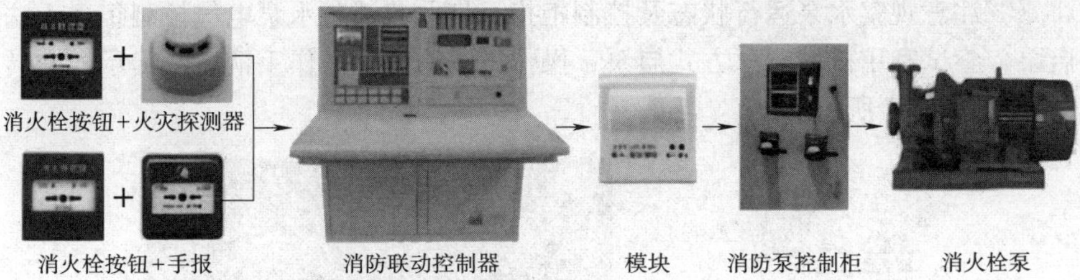

图 3-16 消火栓泵联动启泵程序

(1) 消防控制室远程手动启泵

在消防控制室可以通过联动控制器多线控制盘远程手动启动消火栓泵。消防水泵在联动控制器的指示灯信号见表 3-2。

表 3-2 消防水泵在联动控制器上的指示灯信号

"启动"灯状态	灭	灭	亮	闪烁
"反馈"灯状态	灭	亮	亮	灭
"故障"灯状态	亮	灭	灭	灭
判断结果	联动控制器无法启动消防泵	消防泵已现场启动	消防泵联动启动	消防泵联动启动失败
对应操作方法	泵房现场启泵	泵房现场确认	泵房现场确认	泵房现场启泵

若无法远程启泵的，要安排专人到消防水泵房现场手动启动。

(2) 消防水泵房现场手动启泵

在消防水泵房，可以通过消防水泵电气控制柜手动控制水泵运转，操作步骤如下：

①扭动状态转换开关，将电气控制柜设置为"手动状态"，如图 3-17 所示。

②按下绿色启动按钮，可启动消防水泵；按下红色停止按钮，可停止水泵运转，如图 3-18 所示。

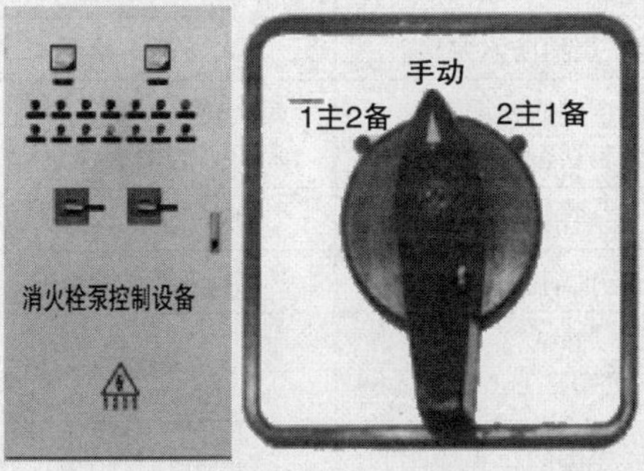

图 3-17 消防水泵电气控制柜及状态转换开关

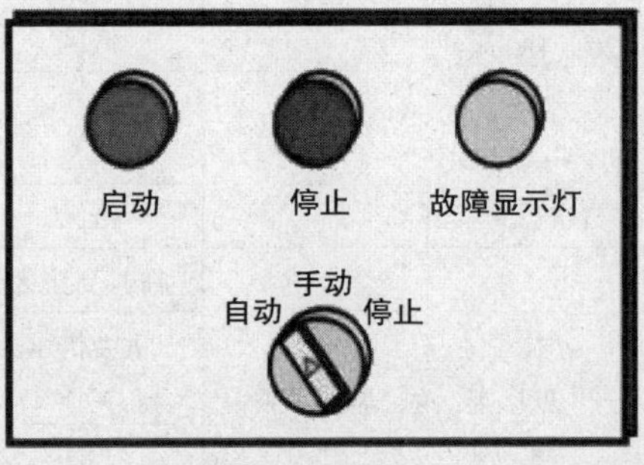

图 3-18 消防水泵电气控制柜示意图

③注意观察水泵运行状态及控制柜指示灯。若消防水泵电气控制柜也无法启泵，尝试利用机械应急方式启泵，操作方法为捏住操作手柄后按提示方向转动，如图 3-19 所示。

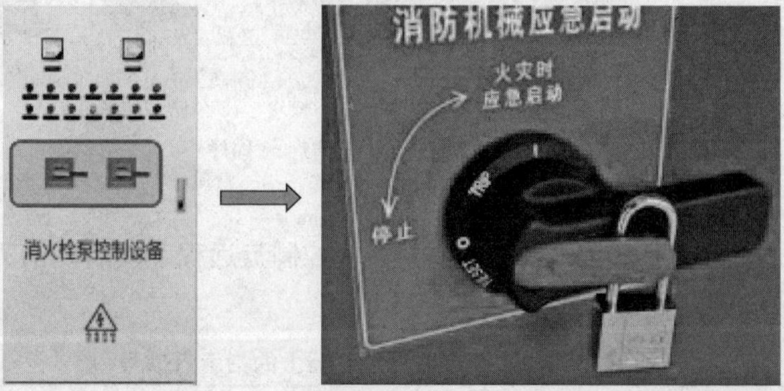

图 3-19　消防水泵机械应急启动装置

2. 供水形式识别技术

在灭火救援现场，应准确识别着火建筑室内消火栓系统的供水形式，准确实施启泵操作，提高灭火效能。可通过了解建筑布局和高度、调阅消防水系统图、询问单位知情人等方式，识别、核查建筑给水形式，判断着火区域所在的供水分区，准确实施启泵操作。不同给水形式的室内消火栓系统现场手动启泵模式见表 3-3。

表 3-3　不同给水形式的室内消火栓系统现场手动启泵模式

建筑高度	供水形式	着火区域	启泵位置	启泵类型
120（180）m 以下	一泵到顶	—	底层消防水泵房	消火栓泵
	水泵并联	高区	底层消防水泵房	高区消火栓泵
		低区	底层消防水泵房	低区消火栓泵
120（180）～250 m	“泵＋泵”串联	高区	底层消防水泵房＋设备层消防水泵房	底层转输水泵＋设备层高区消火栓泵
		低区	底层消防水泵房	底层消火栓泵
	“泵＋箱”串联	高区	底层消防水泵房＋设备层消防水泵房	底层转输水泵＋设备层高区消火栓泵
		低区	底层消防水泵房	底层消火栓泵
250 m 以上	重力供水	临时高压区	屋顶消防水泵房	屋顶消火栓泵
		重力供水分区	—	无须启泵
		长时间灭火	底层消防水泵房＋设备层转输水泵房	底层转输泵＋设备层转输泵

3. 室内消火栓反向供水技术

室内建筑给水系统压力或流量不足时，可利用消防车与建筑底层室内消火栓相结合进行反向供水。

操作方法：

（1）利用内六角扳手等工具，拆除底层室内消火栓的减压孔板，如图 3-20 所示。

（2）安装转换接口和止回阀，如图 3-21 所示。

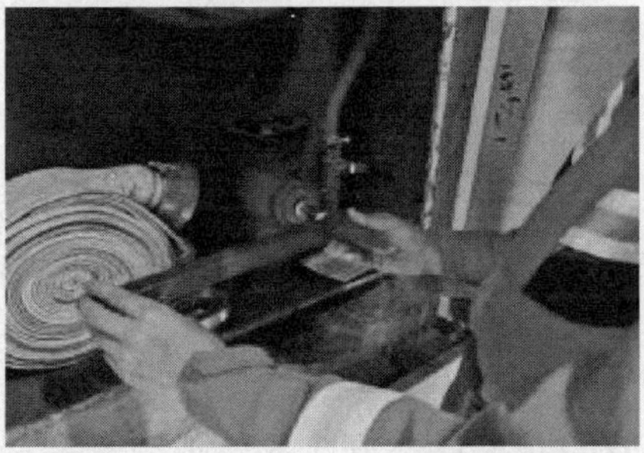

图 3-20　拆除底层室内消火栓的减压孔板

图 3-21　安装转换接口和止回阀

（3）利用水带连接止回阀和消防车，进行反向供水。

注意事项：

（1）仅适用于不分区供水或分区供水的低区室内消火栓管网。

（2）必须在消火栓出口处安装止回阀，防止水锤作用对人员和装备造成影响。

（3）实际操作过程中，某些消火栓接口部件老化，不能承受供水压力，注意防止构件伤人。

（4）供水过程中要缓慢加压，防止供水压力超过管网承压极限。

4. 室内消火栓系统“固移结合”应用技术

（1）对供水高度超出消防车压力范围的临高区，若采取重力供水的，可利用高区最高层的室内消火栓出水、水囊集水，手抬机动泵从水囊吸水后，加压供水至临高区的目标楼层。

（2）对供水高度超出消防车压力范围且高区消防泵损坏的高区着火层，可利用低区高层的室内消火栓出水、水囊集水，手抬机动泵从水囊吸水后，加压后注入高区最底层的室内消火栓，反向供水至高区的目标层。

三、水泵接合器应用

（一）水泵接合器的概况

1. 概念及作用

水泵接合器是消防车或移动式水泵向室内消防管网供水的连接口，通常固定设置在建筑物外。当室内消防水泵发生故障或火势增大导致室内消防用水不足时，消防车可以从室外消防水源取水，并通过水泵接合器将水加压、补充至室内消防管网供灭火使用，从而充分应用建筑消防设施，提高灭火效率，如图 3-22 所示。

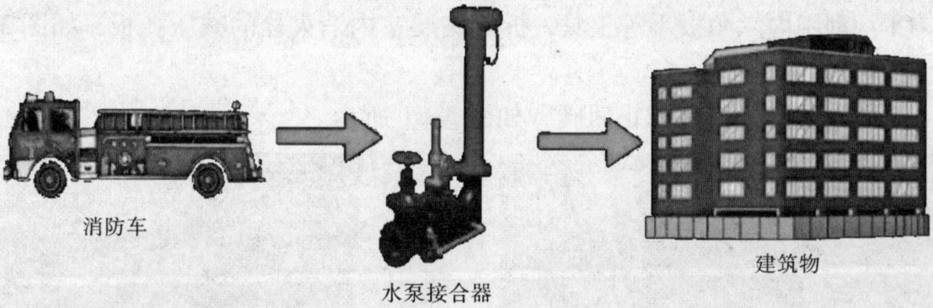

图 3-22　水泵接合器的作用

2. 结构组成

水泵接合器通常由接口、本体、连接管、止回阀、安全阀、放空管和控制阀组成，接口直径通常为 65 mm 或 80 mm，如图 3-23 所示。

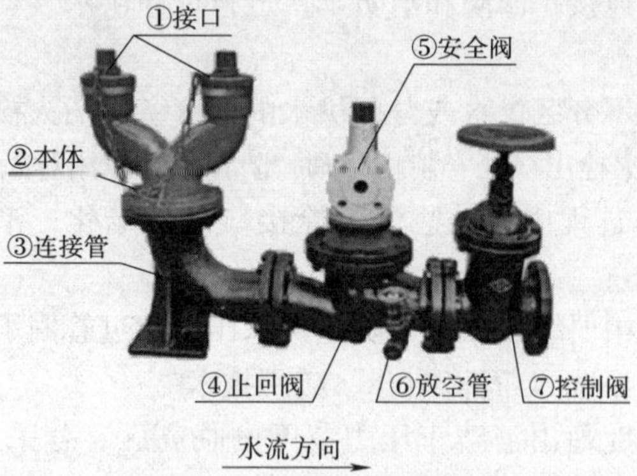

图 3-23　水泵接合器的组成

3. 分类

（1）按安装形式分类，分为地上式、地下式、墙壁式。

（2）按使用类型分类，分为室内消火栓系统水泵接合器、自动喷水灭火系统水泵接合器等。

（3）按设计功能分类，分为竖向分区水泵接合器、转输水泵接合器、泡沫消防水泵接合器等。

4. 设置部位

水泵接合器通常设置在室外便于消防车使用的地点，且距室外消火栓或消防水池的距离不宜小于 15 m，并不宜大于 40 m，如图 3-24 所示。

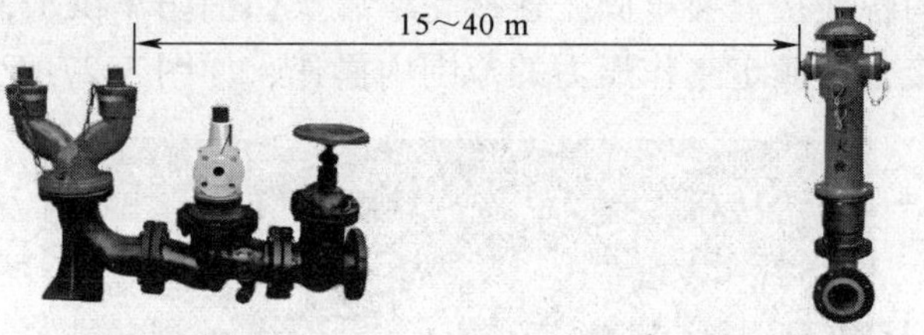

图 3-24　水泵接合器的位置

（二）水泵接合器的应用技术

1. 竖向分区水泵接合器直接供水技术

室内建筑给水系统压力或流量不足时，可利用消防车给水泵接合器补水，具体操作步骤如下：

（1）识别水泵接合器

操作消防车给水泵接合器供水之前，要识别清楚接合器类型（水泵接合器、喷淋接合器）和供水区域（高区、低区）。通常，水泵接合器处会设置永久性标志铭牌，并标明供水系统、供水范围、系统设计流量和系统工作压力，如图 3-25 所示。

（2）确保管路阀门处于开启状态

水泵接合器的闸阀通常设置在水泵接合器周边，大部分闸阀处于地下并且上方设有井盖，确保闸阀处于开启状态，如图 3-26 所示。

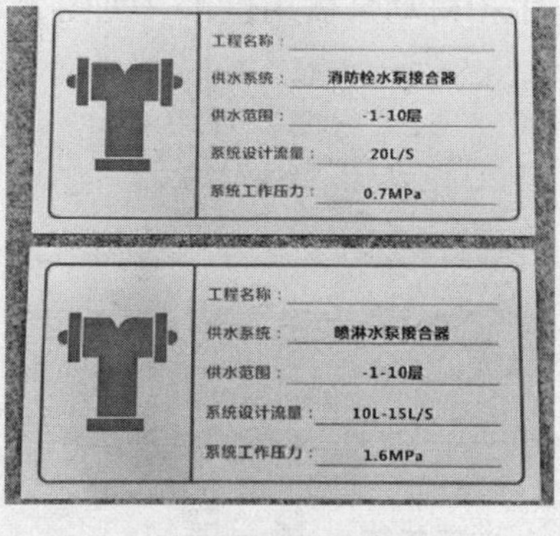

图 3-25　水泵接合器的永久性标志铭牌

图 3-26　水泵接合器的闸阀

（3）寻找周边最近的消防水源

水泵接合器通常距室外消火栓或消防水池的距离不小于 15 m 且不大于 40 m。供水车要优先占据有利水源，再向水泵接合器供水。

（4）铺设水带连接消防车和水泵接合器

供水线路的各连接处要牢固，连接完毕后操作消防车供水，供水时应缓慢加压，在水泵接合器额定工作压力的范围内操作，如图 3-27 所示。

图 3-27　铺设水带，连接水泵接合器与消防车出水口

（5）注意事项

①一般情况下，水泵接合器设计流量为 10～15 L/s，一辆消防车通过水泵接合器向竖管供水，高度通常可达 50～80 m，在使用过程中要注意供水系统标志、水泵接合器的供给范围，防止误接。

②供水期间必须落实专人值守，并安排专人确认供水情况。

③注意水泵接合器承压极限，操作过程中防止管网爆裂。

2. 转输水泵接合器与手抬机动泵联用供水技术

（1）利用转输层消防水泵结合器与手抬机动泵联用供水（见图 3-28）

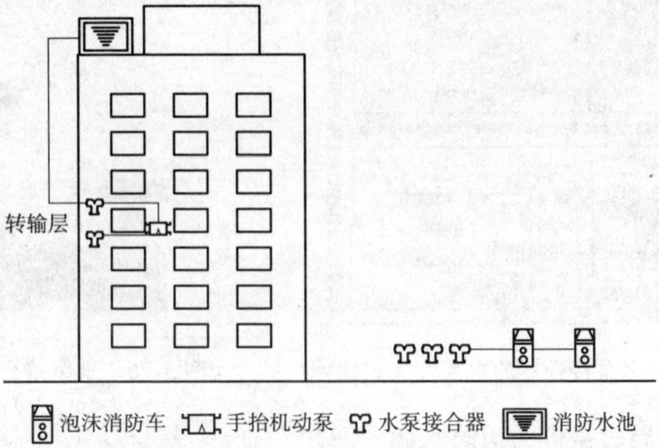

图 3-28　利用转输层消防水泵结合器与手抬机动泵联用供水

①消防车占据地面水泵接合器向直供转输层水箱的管网供水；

②携带手抬机动泵、水带、转换接口等，乘坐消防电梯至转输层；

③关闭转输水箱前的入水口阀门；

④连接转输层的供手抬机动泵吸水的预留接口和手抬机动泵吸水口；

⑤铺设水带干线，连接手抬机动泵出水口和转输水泵接合器，采用耦合供水方式向屋顶水池供水。

（2）利用手抬机动泵连接转输水箱出水口供水（见图 3-29）

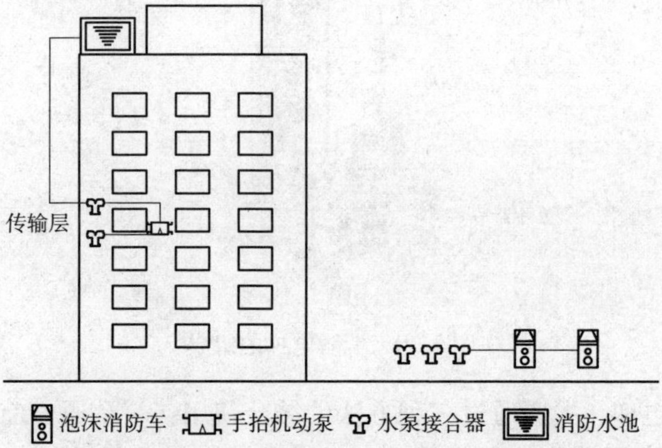

图 3-29　用手抬机动泵连接转输水箱出水口供水

①消防车占据地面水泵接合器向转输水箱供水；

②连接转输水箱出水口和手抬机动泵吸水口；

③连接手抬机动泵出水口和转输水泵接合器；

④发动手抬机动泵，向屋顶水池供水。

四、消防电梯应用

（一）训练目的

通过训练规范消防电梯的使用，降低行动风险，使参训人员掌握消防电梯基本常识和规范使用，熟悉个人防护及消防电梯钥匙的使用，使参训人员在火场正确合理使用消防电梯。

（二）辨别消防电梯

消防电梯是指设置在建筑的耐火封闭结构内，具有前室和备用电源，在正常情况下为普通乘客使用，在建筑发生火灾时其附加的保护、控制和信号等功能可专供消防员使用的电梯。消防电梯通常主要由曳引系统、导向系统、安全保护系统、重量平衡系统、电气控制系统、电力拖动系统、门系统、轿厢系统、缓冲器等基本结构组成，如图 3-30 所示。

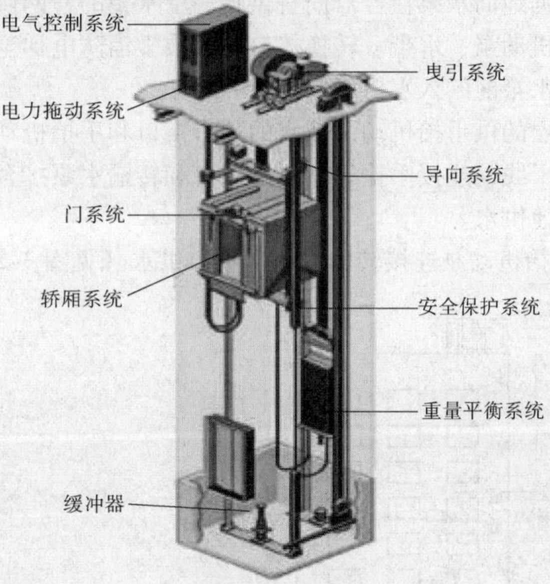

图 3-30　消防电梯的组成

辨别消防电梯，主要通过三种方法的结合使用：一是通过前室来识别；二是通过电梯的专用消防按钮来识别；三是通过电梯迫降后的状态来识别，见表3-4。

表 3-4　消防电梯识别技术

识别方法	具体手段	主要特征
通过消防电梯前室来识别	通过建筑平面图识别前室	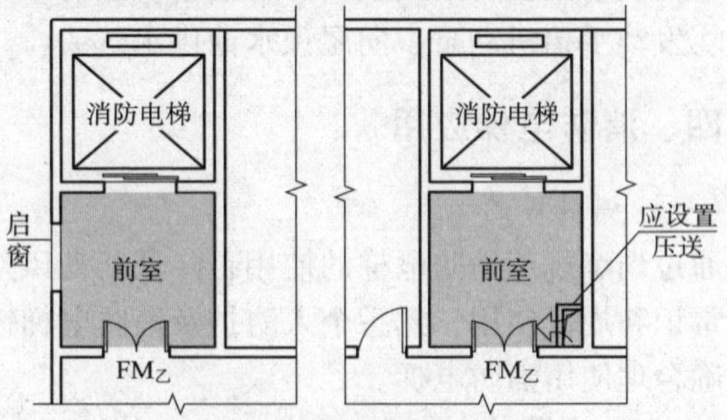 建筑平面图上的消防电梯间前室
	通过前室内的固定消防设施来识别	①排烟设施：消防电梯前室内应设有机械或自然排烟设施。 ②灭火设施：消防电梯前室内应设有消防竖管和消火栓。 ③前室的门：消防电梯前室与走道的门应至少采用乙级防火门或采用具有停滞功能的防火卷帘

续表

识别方法	具体手段	主要特征
通过专用消防按钮来识别	在首层的电梯入口处查看	①消防电梯操作按钮一般用玻璃片保护。 ②适当位置设有红色的“消防专用”“消防开关”等字样。 ③通常为按压式、开关式、旋钮式
通过电梯迫降后状态来识别	操作专用消防按钮迫降电梯，在首层的电梯入口处查看	消防电梯：门打开、灯常亮， 普通电梯：门打开、灯不亮

（三）消防电梯的实战功能

在灭火救援实战中，消防电梯通常用于垂直运送消防员、消防装备、疏散营救被困人员，能够帮助消防员节约体能消耗、快速接近着火区域、提高灭火救援效率。

根据 GB 50016—2014《建筑设计防火规范》中相关条款，消防电梯通常应设置前室，满足表 3-5 中基本功能要求。

表 3-5 消防电梯的基本功能

功能要求	具体内容	图示
载重量	≥800 kg	—
停靠楼层	运行服务区间内每层均可停靠	—
运行时间（从首层至顶层）	≤60 s	—
操作按钮	供消防员专用，设置在首层的消防电梯入口处	 消防电梯操作按钮

续表

功能要求	具体内容	图　示
通信联络	轿厢内部应设置专用消防对讲电话	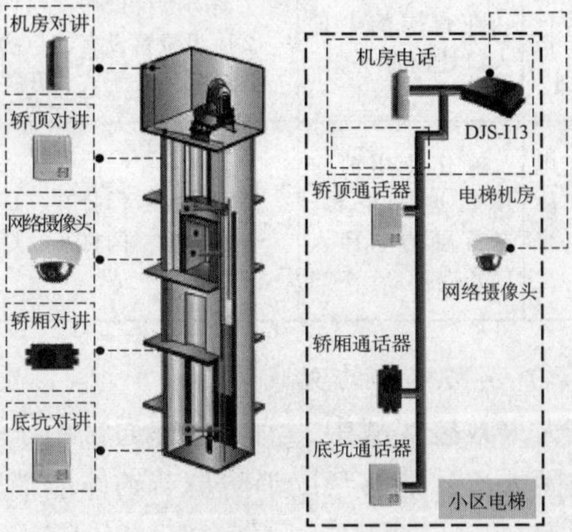 “五方对讲”专用电话
防水要求	动力与控制电缆、电线、控制面板应采取防水措施	—
内部装修	轿厢内部采用不燃材料	—

火灾情况下，消防电梯接受消防控制室指令或首层专用操作按钮控制，进入消防状态。此时，消防电梯如果正处于上行过程中，则就近停靠、不开门，返回首层后自动开门待用；如果正处于下行过程中，则立即闭门，返回首层后自动开门待用；如果正在首层，则自动开门进入消防状态。

进入消防状态后，消防电梯轿厢不再响应外部呼叫，只能从电梯内部进行控制，各楼层的电梯按钮失去作用；轿厢内开门、闭门按钮无自保持功能，开、闭门过程中松开按钮则开、闭门过程终止，需长按至电梯门完全开启或关闭后方可保持开、闭门状态。

（四）规范使用

（1）使用消防电梯前，启动首层消防电梯按钮，确认电梯切换至消防模式，如图 3-31 所示。

（2）测试轿厢内应急通话按钮，检查与消防控制室通话是否正常，如图 3-32 所示。

（3）侦查消防电梯临近的疏散楼梯位置、状况，明确内攻和撤退路线，如图 3-33 所示。

（4）乘坐消防电梯必须在着火层下两层作为停靠层和进攻起点层，通过疏散楼梯间进入着火层，不得乘坐消防电梯直接进入着火楼层或穿越着火楼层，如图 3-34 所示。

图 3-31　首层消防电梯按钮

图 3-32　轿厢内应急通话按钮

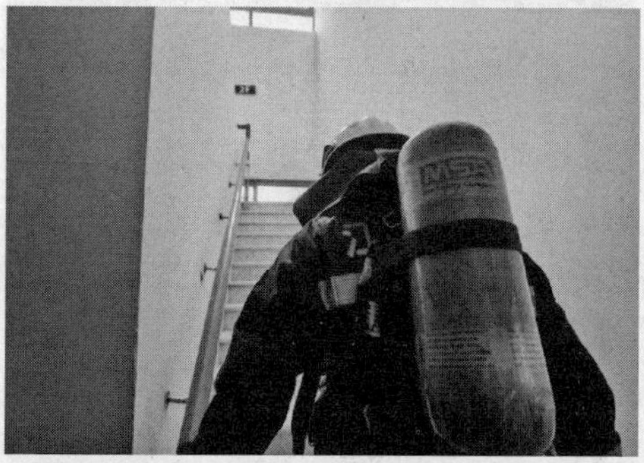

图 3-33　侦查内攻和撤退路线

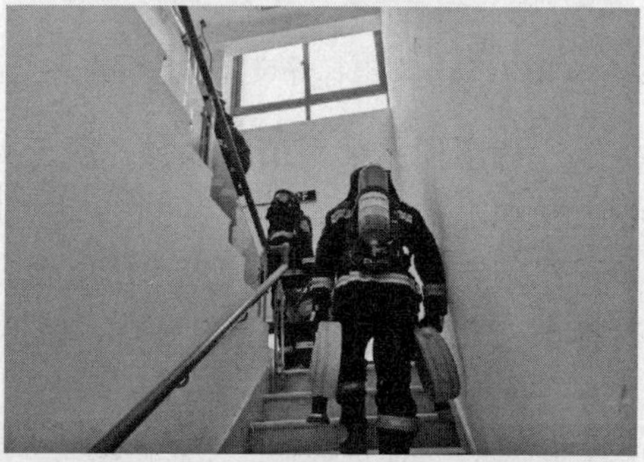

图 3-34　通过疏散楼梯间进入着火层

（5）当消防电梯停靠至目标层后，不得贸然开门，应缓慢开启电梯厢门、层门。通过试探性开门，利用热成像仪或测温仪探测门外温度，观察轿厢外烟火情况，确认安全后，长按开门键进入前室，如图 3-35 所示。

图 3-35　利用热成像仪观察前室情况，确认安全后进入

（6）战斗展开出水后，应在所有出水楼层及其下两层设置阻水设施，防止灭火用水流入电梯井，如图 3-36 所示。

（7）关闭消防电梯前室防火门，不能关闭的使用灭火毯设置挡烟帘，及时开启正压送风系统，防止高温烟气进入前室及电梯，如图 3-37 所示。

图 3-36　对电梯井设置阻水设施

图 3-37　设置挡烟防烟帘

注意事项：乘坐消防电梯开展灭火救援行动，必须不少于 3 人编组，明确专人操作电梯停靠，严禁独自行动。班组成员必须穿着全套个人安全防护装备，佩戴空气呼吸器，携带通信电台，有条件的应佩戴 9 L 气瓶，携带内攻携行拖车（箱），配备必要的自救、破拆、逃生器材，如图 3-38 所示。

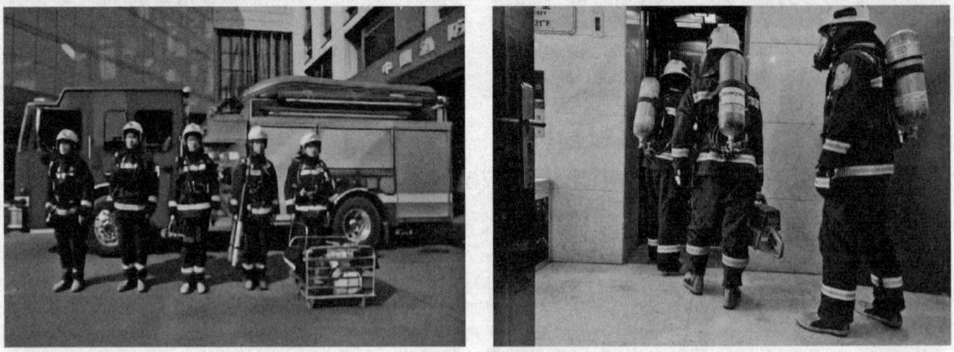

图 3-38　乘坐消防电梯的战斗班组人员组成和装备配备

（五）消防电梯安全评估

火灾情况下对消防电梯的使用环境开展安全评估，主要通过消防控制室侦察评估和电梯井实地评估两种方法的结合使用，见表 3-6。

表 3-6　消防电梯安全评估技术

评估方法	具体步骤	结果应用
消防控制室侦察评估	①查询“首警”信息：判断起火点楼层、位置； ②查看水流指示器动作情况：评估着火层范围； ③查看“续报”信息：评估火灾烟气蔓延范围，重点判断烟气是否进入消防电梯前室	①优先选择：用与着火区域为不同防火分区的消防电梯登高； ②谨慎选择：前室远离“首警”点位且用前室感烟火灾探测器未报警的消防电梯登高； ③楼层选择：登高目标层必须是未着火楼层下两层
电梯井实地评估	①迫降：通过消防专用按钮，迫降消防电梯至首层； ②控梯：在首层利用消防模式或电梯“紧急停止”按钮控制电梯不发生位移； ③开门：消防员登至上一层，利用电梯钥匙打开电梯层门； ④检测：利用热像仪、测温仪及强光手电观察电梯井内烟气、温度和水渍情况	 经实地评估，消防电梯井内无明显烟气、无火势蔓延迹象、无大量水渍，方可谨慎使用

第二节　紧急避险技术

一、空气呼吸器耗气训练

（一）训练目的

通过训练，使参训人员掌握空气呼吸器气量消耗情况和空气呼吸器的使用时间。

（二）场地器材

在训练塔前 10 m 处标出起点线，起点线一侧设置破拆区，20 ~ 50 m 处设置假人拖行区，20 ~ 60 m 处设置水带拖行区，4 楼窗口设置重物提拉区。起点线上放置 ϕ65 mm 水带 2 盘，破拆区放置轮胎 1 个（直径≥1 m）、大锤 1 把，假人拖行区放置 60 kg 假人 1 具，水带拖行区放置一盘注满水的 ϕ65 mm 水带并连接分水器和水枪，重物提拉区正下方捆绑两盘 ϕ65 mm 水带，如图 3-39 所示。

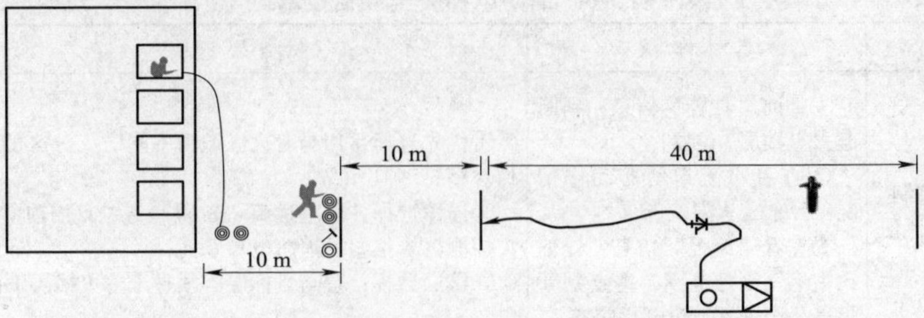

图 3-39　空气呼吸器耗气训练场地示意图

（三）操作程序

（1）参训人员着全套个人防护装备从起点开始携带 2 盘 ϕ65 mm 水带登高至 4 楼重物提拉区。

（2）在重物提拉区将水带拉至 4 楼，携带两盘 65 mm 水带返回起点。

（3）在破拆区用大锤横向敲打轮胎移动 1 m 距离。

（4）在水带拖行区将注满水的水带拖行到 60 m 处。

（5）返回到假人拖行区将假人拖行 30 m。

（6）参训人员重复往返前 5 项科目直至余气报警，并记录时间。

（7）空气呼吸器发出余气报警后，参训人员分别采取快步行走、慢跑或原地待援直至余气耗尽，并分别记录余气撤离时间和待援时间。

（四）操作要求

（1）空气呼吸器初始压力不得低于 25 MPa。

（2）基层消防站应经常开展空气呼吸器训练，准确掌握自身耗气情况。

（3）严密监控参训人员的身体状况，如有身体不适要及时停止测试。

（4）原地待援时，参训人员应主动调节呼吸深度和频率，尽量采取深、慢的呼吸方式，延长生存时间。

二、内攻灭火安全行动训练

（一）训练目的

通过训练，使参训人员掌握狭小空间水带展开、射流运用、阵地转移、防盗门破拆掩护，轰燃险情排除、门控等技术。

（二）场地器材

在训练塔前 20 m 处标出起点线，1 至 2 楼转弯平台设置狭小空间水带展开区，2 楼建筑物内设置着火房间，在起点线上停放一辆装备齐全的水罐消防车，如图 3-40 所示。

员的方式方法。

（二）场地器材

设置1处模拟提拉救助装置，装置高度2 m，上方操作平台长、宽均为2 m，平台中间位置为长、宽0.8 m的空心区域，平台下方空间敞开且设置有全套灭火防护装备（佩戴空气呼吸器）被困人员1名，平台下方设置保护垫。

（三）操作程序

1. 安全绳提拉技术

（1）指挥员、1号员、2号员依次攀爬至操作平台，指挥员取出个人安全绳，下放至被困人员处，指导将安全绳固定在消防腰带前部中间位置。

（2）1号员、2号员依次下放各自安全绳，被困人员分别将安全绳固定在空气呼吸器两侧肩部的肩带位置。

（3）被困人员收紧3处安全绳固定点，收紧消防腰带、空呼肩带，指挥员、1号员、2号员进行受力测试。

（4）受力测试完毕后，3名参训人员协同将被困人员提拉至操作平台。

2. 扁带提拉技术

（1）1号员、2号员依次攀爬至操作平台，1号员、2号员协同将扁带圈下放至被困人员处。

（2）被困人员将1号员、2号员下放的扁带穿过空呼两侧肩带，并将腿跨过两个扁带圈，调整至大腿根部舒适位置，收紧空呼肩带、腰带，双手握紧上方扁带，发出可以提拉的信号。

（3）1号员、2号员协同将被困人员提拉至平台。

（四）操作要求

（1）在进行安全绳固定时，必须提醒被困人员进行绳索检查，防止绳索相互缠绕或缠绕空气呼吸器供气导管等装备。

（2）在进行扁带提拉时，扁带长度及承载能力需要能满足救援安全要求（紧急情况或器材不足时可利用个人安全绳制作绳圈替代扁带，但需防止勒伤被困人员）。

（3）在进行提拉时，必须进行受力测试，待被困人员身体稳定以及提拉人员准备充分后再进行提拉。

四、安全绳撤离训练

（一）训练目的

通过训练，使参训人员熟练掌握在火场遇险时，利用安全绳从窗口紧急撤离的技术。

（二）场地器材

在训练塔二楼窗口设置操作区，窗台上放置转角保护垫，窗口下方放置保护垫，训练塔外围设置警戒。参训人员着全套个人防护装备，携带消防斧（铁铤或多功能撬棍）等装备，如图 3-41 所示。

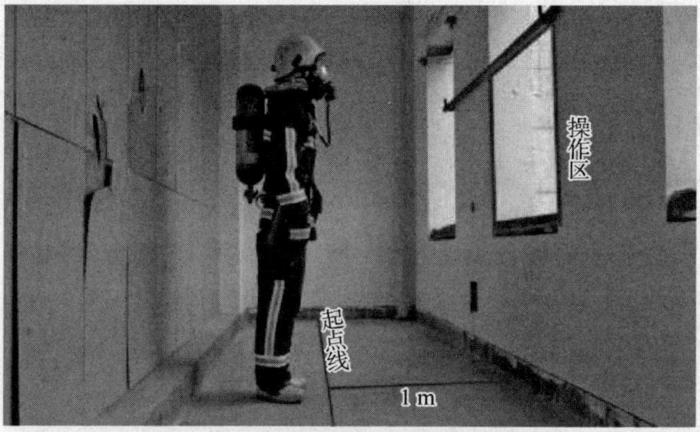

图 3-41 安全绳撤离训练场地示意图

（三）操作程序

（1）参训人员在二楼窗口操作区利用安全绳与消防斧（铁铤或多功能撬棍）等装备制作锚点。

（2）将锚点固定于窗口直角转弯处，同时下放个人安全绳，利用个人安全绳与 D 形钩（意大利半扣）连接或防坠落装置，锁好安全钩，跨坐于窗台上，收紧绳索余长。

（3）使用意大利半扣下降时，上半身重心缓慢移出窗外，左手搭窗台，右手控制右侧胯部制停点使身体缓慢匀速下降至地面；使用防坠落装置下降时，上半身重心缓慢移出窗外，左手搭窗台，右手控制胸前下降器使身体缓慢匀速下降至地面。

（四）操作要求

（1）训练时保持空气呼吸器全程供气。

（2）锚点牢固制作于消防斧（铁铤或多功能撬棍）中间处，窗沿与消防斧（铁链或多功能撬棍）呈 45°角。

（3）在出窗台时，右手必须先抓住窗台内侧，待身体安全出窗台后再抓牢制停点绳索。

（4）下降过程中，双脚可以轻微蹬墙面，控制身体不贴牢墙面。

五、沿水带撤离训练

（一）训练目的

通过训练，使参训人员熟练掌握在火场遇险时，利用水带从窗口紧急撤离的技术。

（二）场地器材

在训练塔二楼窗口设置操作区，训练塔前 3 m 处设分水器 1 只，二楼窗口垂直铺设水带 1 盘，与分水器、水枪连接并保持供水状态，训练塔外围设置警戒区，参训人员着全套个人防护装备，如图 3-42 所示。

图 3-42　沿水带撤离训练场地示意图

（三）操作程序

（1）听到开始的口令后，1 号员喊：“准备撤离”，并关闭水枪，利用扁带或安全绳将水带一端固定于支点处，跨坐于窗台，将水带置于安全腰带内并扎紧腰带。

（2）2 号员听到“准备撤离”的口令后，将水带抬起地面，做好 1 号员下降的缓冲准备，喊：“准备下降”。

（3）1 号员听到“准备下降”口令，双手抓紧水带的同时，两脚夹住水带，缓慢滑至地面。

（四）操作要求

（1）水带固定点必须安全牢靠。

（2）操作过程中 2 号员需将水带抬起地面。

（3）1 号员必须全程抱紧水带，控制下滑速度。

六、沿拉梯撤离训练

（一）训练目的

通过训练，使参训人员熟练掌握在火场遇险时，利用拉梯从窗口紧急撤离的技术。

（二）场地器材

在训练塔二楼窗口设置操作区，架设6 m拉梯一把，高于窗台两档，梯子两侧放置保护垫，设保护人员一名，训练塔外围设置警戒区，参训人员着全套个人防护装备。

（三）操作程序

缓慢斜靠窗沿并扶住梯梁移动，用左手臂和手肘部勾住窗台下两档，右手扶住梯梁下滑至窗台下四挡处，将身体翻出窗外，双腿弯曲夹紧两侧梯梁，双手抓住两侧梯梁，伸展手臂，胸部与梯子之间保持足够空间，控制速度，缓慢沿梯梁下滑至地面。

（四）操作需求

（1）训练时保持空气呼吸器全程供气。

（2）严禁梯脚超出架设区。

（3）操作中双手支点不得离开梯子，保护人员必须全程做好保护。

七、扫描搜索训练

（一）训练目的

通过训练，使参训人员掌握火场内部充烟环境下，对小范围、小空间区域开展安全搜索的方式方法。

（二）场地设置

在营区模拟火场充烟环境设置训练场地，距离训练场地入口3 m处设置起点线，场地内设置1个房间，如图3-43所示。

（三）操作程序

（1）听到“扫描搜索，开始操作”口令后，参训人员各自携带好器材跑至起点线，4号员（安全员）在入口处做好安全管控，架设强光照明灯。1号员在外部做好主搜索绳固定，搜索组按照指挥员、1号员、2号员、3号员的顺序依次前行。

（2）到达搜索区域后，指挥员示意停止行进并向外部指挥汇报：准备进入房间搜索，同时通知搜索队员需要进行扫描搜索。得到指令后，1号员将主搜索绳包交至2号员，并取出指挥员的二级搜索绳；2号员在主搜索绳端制作单结并连接指挥员的二级搜索绳。连接完毕后，通知指挥员可以进入搜索。

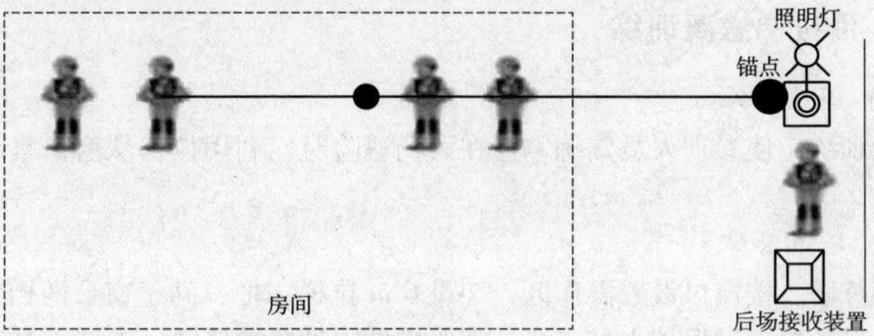

图 3-43　扫描搜索训练场地示意图

(3) 以主搜索绳端为固定点，指挥员、1 号员肩并肩向前搜索。在到达房门处，首先指挥员利用热像仪对房门进行测温，缓慢开启房门，对门缝进行固定，两名搜索队员进入房间内部搜索。

(4) 搜索完毕后，指挥员向外部指挥汇报搜索情况，通知搜索人员准备返回，绷紧搜索绳，1 号员收绳，2 名搜索队员沿绳返回。出房间后，关上房门，贴上搜索标识。

(四) 操作要求

(1) 搜索队员的二级搜索绳与主搜索绳连接点要稳定牢固，始终保持紧绷状态，防止绳索缠绕障碍物，丧失导向指引作用。

(2) 搜索队员应在个人二级搜索绳紧绷状态下回收绳索，放回绳包时绳索不得外露，以免缠绕障碍物。

(3) 在房间内部搜索时，两名搜索队员应保持联系，在相互可见或可触碰范围内，严禁单独行动。

(4) 2、3 号员可在房间外部利用照明设备做好灯光指引。

八、派出搜索训练

(一) 训练目的

通过训练，使参训人员掌握火场内部充烟环境下，开展多区域快速搜索的方式方法。

(二) 场地器材

在营区模拟火场充烟环境设置训练场地，距离训练场地入口 3 m 处设置起点线，场地内设置两个房间，如图 3-44 所示。

(三) 操作程序

(1) 听到“派出搜索，开始操作”口令后，参训人员各自携带好器材跑至起点线，4 号员（安全员）在入口处做好安全管控，架设强光照明灯。1 号

图 3-44　派出搜索训练场地示意图

员在外部适宜位置做好主搜索绳固定，搜索组按照指挥员、1 号员、2 号员、3 号员的顺序依次前行。

（2）到达搜索区域后，指挥员示意停止行进并向外部指挥汇报：准备进入房间搜索，同时通知搜索队员需要进行派出搜索。指挥员和 1 号员分别取出各自二级搜索绳，1 号员将主搜索绳包交至 2 号员。2 号员在主搜索绳端制作单结，分别连接指挥员、1 号员的二级搜索绳。连接完毕后，通知指挥员可以进入搜索。

（3）以主搜索绳端为固定点，指挥员、1 号员分别对两个房间展开搜索。在到达房门处，搜索队员利用热像仪对房门进行测温，测温完毕后，开启房门，对门缝进行固定，进入房间内部搜索。

（4）搜索完毕后，1 号员向指挥员汇报搜索情况，随后指挥员向外部指挥汇报搜索情况，并通知 2 号员，搜索人员准备返回，紧绷搜索绳，2 名搜索队员边收绳边返回。出房间后，关上房门，贴上搜索标识。

（四）操作要求

（1）搜索队员的二级搜索绳与主搜索绳连接点要稳定牢固，始终保持紧绷状态，防止绳索缠绕障碍物，丧失导向指引作用。

（2）搜索队员应在个人二级搜索绳紧绷状态下回收绳索，放回绳包时绳索不得外露，以免缠绕障碍物。

（3）在进行房间搜索时，2 名搜索队员应按照各自方位搜索，严禁交叉搜索，防止二级搜索绳缠绕。

（4）2、3 号员可在房间外部利用携带的照明设备做好灯光指引。

九、连线扫描搜索训练

（一）训练目的

通过训练，使参训人员掌握火场内部充烟环境下，对空旷区域开展全面搜

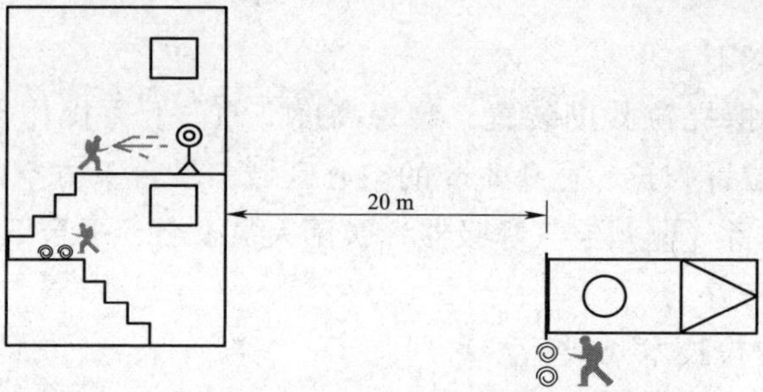

图 3-40 内攻灭火安全行动训练场地示意图

（三）操作程序

指挥员携带红外热像仪负责现场火情侦察，1、2 号员携带水枪、水带负责内攻灭火；3 号员携带破拆工具负责火场破拆；4 号员携带照明灯具和防烟卷帘负责门控。

（1）指挥员在 1 楼与 2 楼之间转弯平台处设置分水阵地。

（2）1 号员携带 ϕ65 mm 折叠水带到达分水阵地前，采取巷道水带展开技术铺设水带并连接水枪和分水器，靠墙做好出水准备。

（3）2 号员携带 ϕ65 mm 双卷水带到达分水阵地前，采取狭小空间水带展开技术铺设水带并连接水枪和分水器，做好出水准备。

（4）指挥员利用红外热像仪探测房门温度，3 号员在 1 号员水枪掩护下实施破门。

（5）1 号员进入房间后点射降温，跪姿拖行水枪，2 号员跪姿肩扛水枪与 1 号员交替掩护前进。

（6）4 号员在房门上装防烟卷帘，在门口设置探照灯。

（四）操作要求

（1）狭小空间和巷道水带展开技术适用于楼道转弯平台、电梯前室和巷道等场所。

（2）房门破拆时外开门应用木楔限位、内开门用安全绳做限位，防止轰燃或回燃。

（3）水枪手进入房间前应对其建筑结构充烟情况进行判断，然后再采取点射降温来排除险情，利用雾状水快速点射能有效冷却上方烟气层。

（4）支线水带注水时，水枪处于关闭状态，分水器应缓慢开启。

三、安全绳及扁带提拉救助训练

（一）训练目的

通过训练，使参训人员掌握利用安全绳或扁带向上提拉救助火场遇险消防索的方式方法。

（二）场地器材

在营区模拟火场充烟环境设置训练场地，距离训练场地入口 3 m 处设置起点线，场地内设置一个空旷区域。连线扫描搜索训练场地示意图如图 3-45 所示。

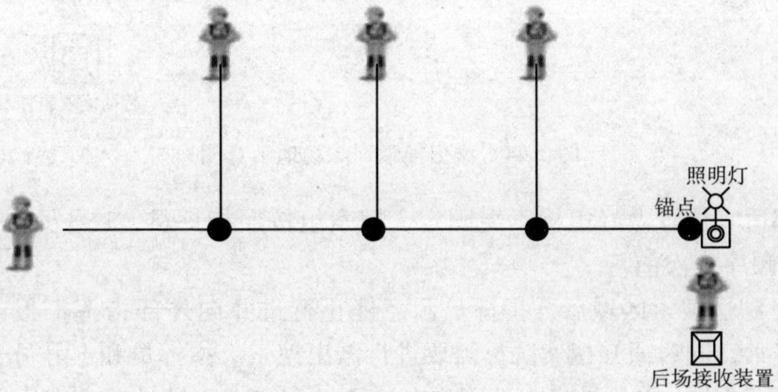

图 3-45　连线扫描搜索训练场地示意图

（三）操作程序

（1）听到“连线扫描搜索，开始操作”口令后，参训人员各自携带好器材跑至起点线，4 号员（安全员）在入口处做好安全管控，架设强光照明灯。1 号员在外部适宜位置做好主搜索绳固定，搜索组按照指挥员、1 号员、2 号员、3 号员的顺序依次前行。

（2）到达搜索区域后，指挥员示意停止行进并向外部指挥汇报：准备对空旷区域进行搜索，同时通知搜索队员需要进行连线扫描搜索。1、2 号员伸开双臂，以双臂展长度为准调整搜索队员间距。指挥员将热像仪交至 1 号员，1 号员将主导向绳包交至指挥员。

（3）1、2 号员依次在主导向绳上制作单结，连接好各自的二级搜索绳，按照 1 号员、2 号员的顺序依次向指挥员汇报：可以进行搜索。

（4）指挥员收到汇报后，与 3 号员一同拉紧主导向绳，并通知搜索队员可以进行搜索。两名搜索队员在各自二级搜索绳紧绷状态下，向主导向绳一侧空旷区域进行协同搜索。

（5）搜索完毕后，两名队员依次向指挥员汇报搜索情况，指挥员收到汇报后通知两名搜索队员进行返回。两名搜索队员在各自二级搜索绳紧绷状态下，边收绳边返回。

（四）操作要求

（1）搜索队员的二级搜索绳与主搜索绳连接点要稳定牢固，始终保持紧绷状态，防止绳索缠绕障碍物，丧失导向指引作用。

（2）搜索队员应在个人二级搜索绳紧绷状态下回收绳索，放回绳包时绳索不得外露，以免缠绕障碍物。

（3）搜索队员要时刻保持在相互伸手可触碰到的范围内，降低行动风险、明确搜索路线，确保全面搜索。

（4）指挥员、3号员可利用携带的照明设备做好灯光指引。

十、单人拖拽训练

（一）训练目的

通过训练，使参训人员掌握单人转移被困指战员的方式方法。

（二）场地器材

在营区模拟火场充烟环境设置训练场地，距离训练场地入口3 m处设置起点线，场地内设置被困人员1名（佩戴空气呼吸器），面部朝下。

（三）操作程序

（1）听到“单人拖拽，开始操作”口令后，参训人员首先进行“应急救援五步骤检查”：翻转被困人员体位（面部朝上）、检查被困人员生命体征、复位被困人员呼救器、检查空气呼吸面罩佩戴情况、检查空气呼吸器压力表，通过对讲机向外部指挥汇报火场及被困人员情况，准备实施救援。

（2）参训人员调整好被困人员空气呼吸器肩带松紧度后，一只手抓住被困指战员一侧的空气呼吸器肩带。

（3）参训人员一条腿呈跪姿保持身体平衡，另一条腿用力蹬地面向前拖拽。

单人拖拽训练示意图如图3-46所示。

（1）（2）（3）

图3-46 单人拖拽训练示意图

（四）操作要求

拖拽前应做好被困人员空呼肩带的余长处理，防止在救援过程中缠绕障碍物。

十一、双人推拉训练

（一）训练目的

通过训练，使参训人员掌握双人转移被困人员的方式方法。

（二）场地器材

在营区模拟火场充烟环境设置训练场地，距离训练场地入口 3 m 处设置起点线，场地内设置被困人员 1 名（佩戴空气呼吸器），面部朝下。

（三）操作程序

（1）听到“单人拖拽，开始操作”口令后，两名参训人员首先进行“应急救援五步骤检查”：翻转被困人员体位（面部朝上）、检查被困人员生命体征、复位被困人员呼救器、检查空气呼吸面罩佩戴情况、检查空气呼吸器压力表，通过对讲机向外部指挥汇报火场及被困人员情况，准备实施救援。

（2）1 号员调整好被困人员空气呼吸器肩带松紧度后，一只手抓住被困人员一侧的空气呼吸器肩带。2 号员抬起被困人员同一侧的腿部，将膝盖弯曲部位置于单肩上，一只手推扶被困人员的大腿根部，另一只手撑扶地面。

（3）2 号员统一下发口令，两名参训人员协同进行转移。

双人推拉训练示意图如图 3-47 所示。

（1）

（2）

图 3-47　双人推拉训练示意图

（四）操作要求

2 号员在推进被困人员时，必须推扶被困人员大腿根部，避免直接作用在大腿部位，造成被困人员的二次伤害。

十二、扁带拖拉训练

（一）训练目的

通过训练，使参训人员掌握使用扁带转移被困人员的方式方法。

（二）场地器材

在营区模拟火场充烟环境设置训练场地，距离训练场地入口 3 m 处设置起点线，场地内设置被困人员 1 名（佩戴空气呼吸器），面部朝下。

（三）操作程序

1. “L”形扁带拖拉技术

（1）听到“L 形扁带拖拉，开始操作”口令后，参训人员首先进行“应急救援五步骤检查”：翻转被困人员体位（面部朝上）、检查被困人员生命体征、复位被困人员呼救器、检查空气呼吸面罩佩戴情况、检查空气呼吸器压力表，通过对讲机向外部指挥汇报火场及被困人员情况，准备实施救援。

（2）参训人员将被困人员上体扶正成坐立姿势，取出扁带分别从被困人员两边腋下穿过，在后领处穿回，收束余长，紧贴背部向前拖拉。

“L”形扁带拖拉技术示意图如图 3-48 所示。

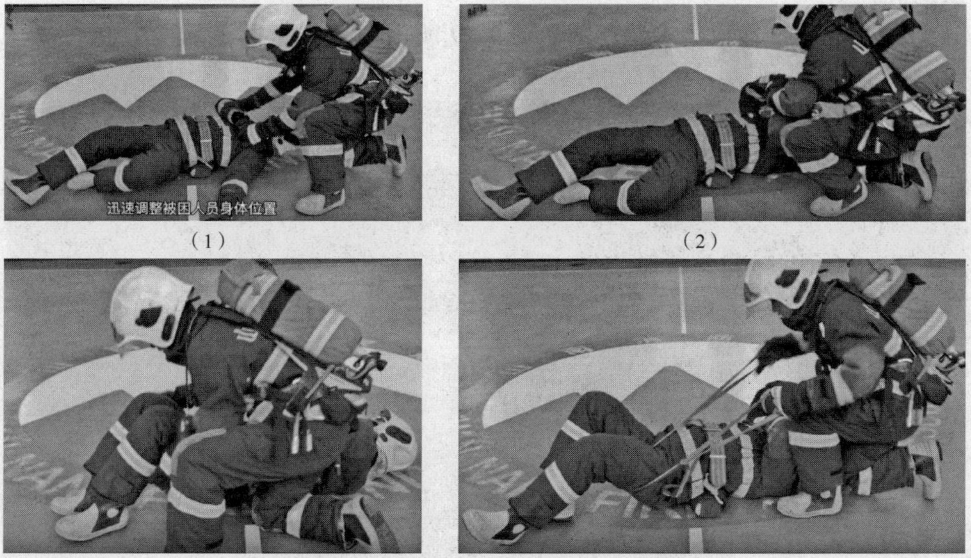

（1）　（2）　（3）　（4）

图 3-48　“L”形扁带拖拉技术示意图

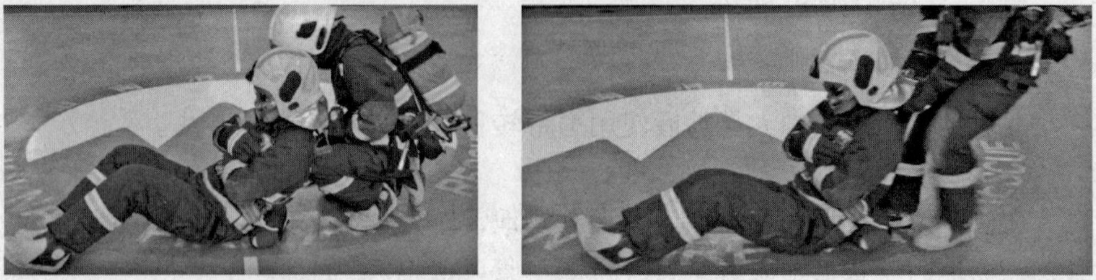

（5）　　（6）

图 3-48　“L”形扁带拖拉技术示意图（续）

2. “T”形扁带拖拉技术

（1）听到“T 形扁带拖拉，开始操作”口令后，参训人员首先进行“应急救援五步骤检查”：翻转被困人员体位（面部朝上）、检查被困人员生命体征、复位被困从员呼救器、检查空气呼吸面罩佩戴情况、检查空气呼吸器压力表，通过对讲机向外部指挥汇报火场及被困人员情况，准备实施救援。

（2）参训人员将被困人员双手置于头部位置，取出扁带制作扁带手铐结，将手铐结的两处环带分别固定被困人员两手腕部位。收紧环带，收束余长，向前拖拽。

“T”形扁带拖拉技术示意图如图 3-49 所示。

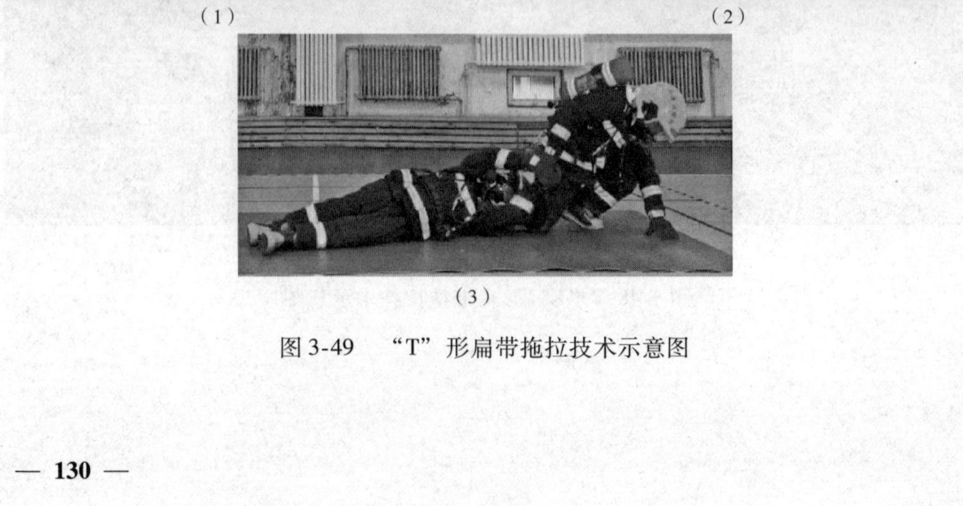

（1）　　（2）　　（3）

图 3-49　“T”形扁带拖拉技术示意图

（四）操作要求

（1）当被困人员颈部或者背部受伤的情况，一般不建议采取“L”形扁带拖拉技术。

（2）在进行“T”形扁带拖拉过程中，如果被困人员处于有意识的状态，应提醒其双手紧握手铐结点位置，防止手腕长时间受力损伤。

十三、安全绳及内攻水带提拉训练

（一）训练目的

通过训练，使参训人员掌握利用安全绳或内攻水带向上提拉被困人员的方式方法。

（二）场地器材

设置一处模拟提拉救助装置，装置高度 2 m，上方操作平台长、宽均为 1. 8 m，平台中间位置为长、宽 0. 7 m 的空心区域，平台下方空间敞开且设置有被困人员一名，平台处预先设置 65 mm 充水水带，连接水枪，平台下方设置保护垫。安全绳及内攻水带提拉训练设施如图 3-50 所示。

图 3-50　安全绳及内攻水带提拉训练设施

（三）操作程序

1. 安全绳提拉技术

（1）听到“安全绳提拉，开始操作”口令后，指挥员、1 号员、2 号员依次攀爬至操作平台。指挥员取出个人安全绳，下放至被困人员处，将安全绳固定在其消防腰带前部中间位置。

（2）1、2 号员依次下放各自安全绳，被困人员分别将安全绳固定在空气呼吸器两侧肩部的肩带位置。

（3）被困人员收紧 3 处安全绳固定点，收紧消防腰带、空气呼吸器肩带。指挥员、1 号员、2 号员进行受力测试。

（4）受力测试完毕后，3 名参训人员协同将被困人员提拉至操作平台。

2. 内攻水带提拉技术

（1）听到“内攻水带提拉，开始操作”口令后，指挥员、1 号员、2 号员依次攀爬至操作平台。指挥员、1 号员、2 号员协同将水带下放至被困人员处。

（2）被困人员骑跨在水带底端的弯曲部位，并将内攻水带扣系于消防腰带内侧，收紧腰带，双手握紧上方水带。

（3）1 号员对水枪端的水带进行固定，指挥员、2 号员在另一侧提拉水带进行受力测试，指挥员、2 号员协同将被困人员提拉至平台。

（四）操作要求

（1）在进行安全绳固定时，必须提醒被困人员进行绳索检查，防止绳索相互缠绕或缠绕空气呼吸器供气导管等装备。

（2）在进行内攻水带提拉时，水枪连接端水带应留有一定余长，防止在提拉时水枪滑落。

（3）在进行提拉时，必须进行受力测试，待被困人员身体稳定以及提拉人员准备充分后再进行提拉。

十四、窄楼梯向上救援训练

（一）训练目的

通过训练，使参训人员掌握窄楼梯环境下，双人沿楼梯向上转移被困人员的方式方法。

（二）场地器材

在离训练塔一楼楼梯口 3 m 处设置起点线，离 2 楼楼梯平台 1 m 处设置终点线，起点线处设置被困人员 1 名（佩戴空气呼吸器），面部朝下。

（三）操作程序

（1）听到“窄楼梯向上救援，开始操作”口令后，两名参训人员首先进行“应急救援五步骤检查”：翻转被困人员体位（面部朝上）、检查被困人员生命体征、复位被困人员呼救器、检查空气呼吸器面罩佩戴情况、检查空气呼吸器压力表，通过对讲机向外部指挥汇报火场及被困人员情况，准备实施救援。

（2）1 号员将被困人员上体扶正使其背部朝前成坐立姿势，1 号员抓取被困人员一侧的空呼肩带，2 号员双手置于被困人员双膝下部。

（3）在 2 号员统一口令下，两名参训人员协同转移被困人员。如果被困人员体重过重或救援人员体力不支时，2 号员可将被困人员双腿弯曲置于双肩上，双手抬扶被困人员大腿根部进行转移。

窄楼梯向上救援训练示意图如图 3-51 所示。

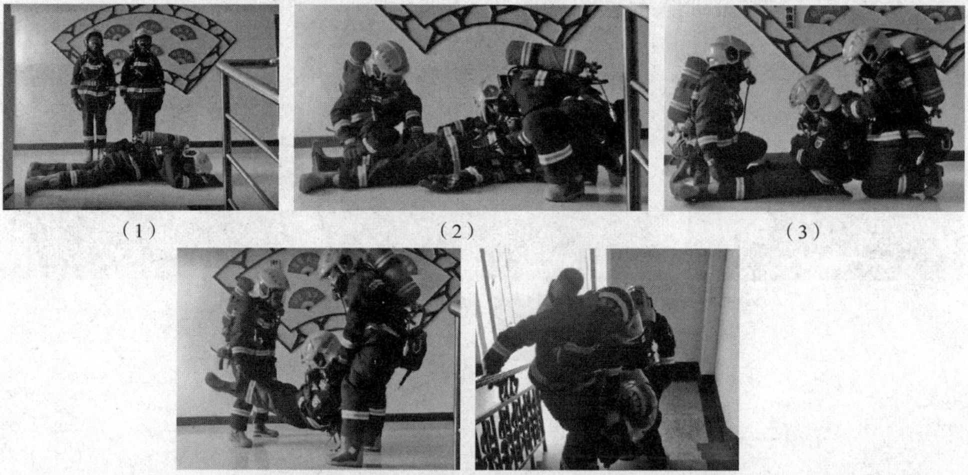

（1）　（2）　（3）

（4）　（5）

图 3-51　窄楼梯向上救援训练示意图

（四）操作要求

在进行转移前，应收紧被困人员两侧的空气呼吸器肩带。

十五、窄楼梯向下救援训练

（一）训练目的

通过训练，使参训人员掌握窄楼梯环境下，双人沿楼梯向下转移被困人员的方式方法。

（二）场地器材

在离训练塔 2 楼楼梯平台 2 m 处设置起点线，离一楼楼梯口 3 m 处设置终点线，起点线处设置被困人员 1 名（佩戴空气呼吸器），面部朝下。

（三）操作程序

（1）听到“窄楼梯向下救援，开始操作”口令后，2 名参训人员首先进行“应急救援五步骤检查”：翻转被困人员体位（面部朝上）、检查被困人员生命体征、复位被困人员呼救器、检查空气呼吸面罩佩戴情况、检查空气呼吸器压力表，通过对讲机向外部指挥汇报火场及被困人员情况，准备实施救援。

（2）1 号员将被困人员上体扶正，使其背部朝前呈坐立姿势，1 号员一手抓取被困人员空气呼吸器一侧肩带，一手抓取消防腰带，2 号员抓取被困人员双脚裤腿，1、2 号员协力转移被困人员。

（3）转移过程中，1 号员大腿顶住被困人员背部位置，另一只脚进行试探，逐级转移至终点位置。

窄楼梯向下救援训练示意图如图 3-52 所示。

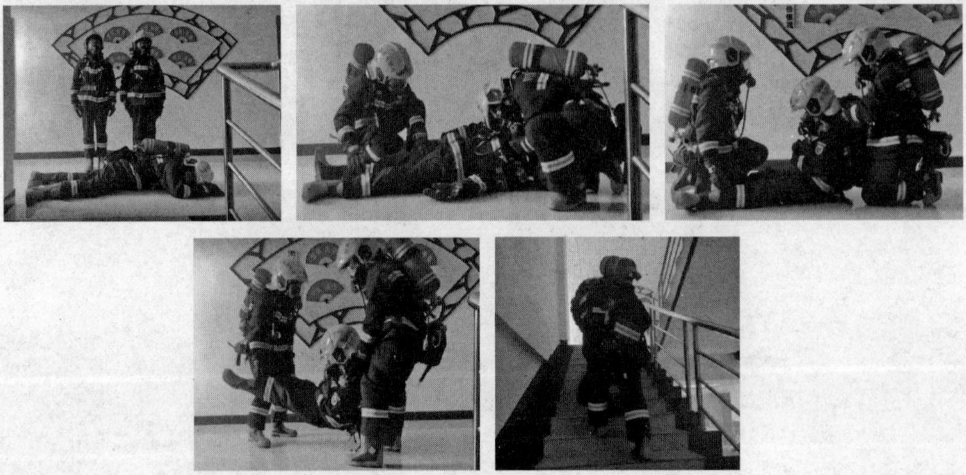

图 3-52　窄楼梯向下救援训练示意图

（四）操作要求

转移过程中，1 号员抓取被困人员一侧空呼肩带的手部，且应保护被困人员头部处于稳定状态。

十六、宽楼梯向上救援训练

（一）训练目的

通过训练，使参训人员掌握宽楼梯环境下，三人沿楼梯向上转移被困人员的方式方法。

（二）场地器材

在离训练塔一楼楼梯口 3 m 处设置起点线，离 2 楼楼梯平台 1 m 处设置终点线，起点线处设置被困人员 1 名（佩戴空气呼吸器），面部朝下。

（三）操作程序

（1）听到“宽楼梯向上救援，开始操作”口令后，三名参训人员首先进行“应急救援五步骤检查”：翻转被困人员体位（面部朝上）、检查被困人员生命体征、复位被困人员呼救器、检查空气呼吸面罩佩戴情况、检查空气呼吸器压力表，通过对讲机向外部指挥汇报火场及被困人员情况，准备实施救援。

（2）1、2 号员将被困人员上体扶正，使其背部朝前呈坐立姿势，1、2 号员分别位于被困人员两侧肩部位置，抓取空呼肩带，3 号员将双手置于被困人员双膝下部。

（3）在 3 号员统一口令下，3 名参训人员协同转移被困人员至终点位置。

宽楼梯向上救援训练示意图如图 3-53 所示。

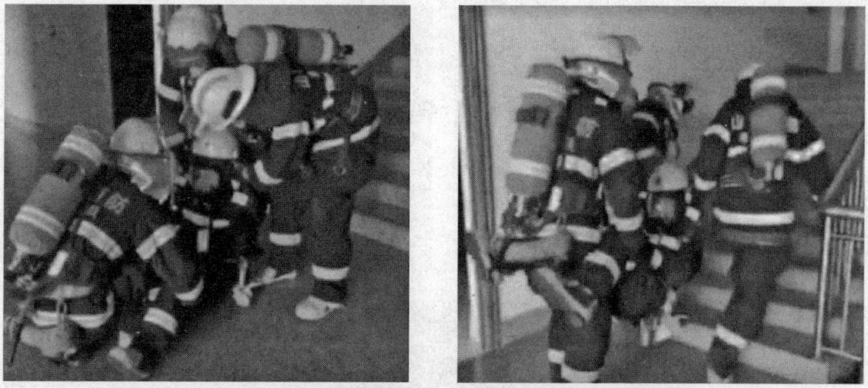

图 3-53　宽楼梯向上救援训练示意图

（四）操作要求

在进行转移前，应收紧被困人员两侧的空气呼吸器肩带。

十七、宽楼梯向下救援训练

（一）训练目的

通过训练，使参训人员掌握宽楼梯环境下，三人沿楼梯向下转移被困人员的方式方法。

（二）场地器材

在离 2 楼楼梯平台 2 m 处设置起点线，离训练塔一楼楼梯口 3 m 处设置终点线，起点线处置被困人员 1 名（佩戴空气呼吸器），面部朝下，处于昏迷状态。

（三）操作程序

（1）听到“宽楼梯向下救援，开始操作”口令后，三名参训人员首先进行“应急救援五步骤检查”：翻转被困人员体位（面部朝上）、检查被困人员生命体征、复位被困人员呼救器、检查空气呼吸面罩佩戴情况、检查空气呼吸器压力表，通过对讲机向外部指挥汇报火场及被困人员情况，准备实施救援。

（2）1、2 号员将被困人员上体扶正面向楼梯，1、2 号员分别位于被困人员两侧肩部位置，抓取空呼肩带，3 号员双手置于被困人员双膝下，反身将其双腿抬起。

（3）在 3 号员统一口令下，三名参训人员协同转移被困人员至终点位置。宽楼梯向下救援训练如图 3-54 所示。

图 3-54　宽楼梯向下救援训练

（四）操作要求

（1）在进行转移前，应收紧被困人员两侧的空呼肩带。

（2）在下行过程中，1、2 号员与 3 号员要保持匀速。

十八、宽楼梯四点携行救援训练

（一）训练目的

通过训练，使参训人员掌握宽楼梯环境下，四人沿楼梯转移被困人员的方式方法。

（二）场地器材

在离训练塔一楼楼梯口 3 m 处设置起点线，离 2 楼楼梯平台 1 m 处设置终点线，起点线处设置被困人员 1 名（佩戴空气呼吸器），面部朝下。

（三）操作程序

（1）听到“宽楼梯四点携行救援，开始操作”口令后，四名参训人员首先进行“应急救援五步骤检查”：翻转被困人员体位（面部朝上）、检查被困人员生命体征、复位被困人员呼救器、检查空气呼吸面罩佩戴情况、检查空气呼吸器压力表，通过对讲机向外部指挥汇报火场及被困人员情况，准备实施救援。

（2）1、2 号员将被困人员上体扶正，使其背部朝前呈坐立姿势。1、2 号员位于被困人员两侧肩部位置，抓住空呼肩带，3、4 号员分别抓取被困消防员裤腿。

（3）在 3 号员统一口令下，四名参训人员协同转移被困人员至终点位置。

宽楼梯四点携行救援训练示意图如图 3-55 所示。

图 3-55　宽楼梯四点携行救援训练示意图

（四）操作要求

（1）在进行转移前，应收紧被困人员两侧的空呼肩带。

（2）在转移过程中，四名参训人员要保持匀速。

十九、狭小空间窗口救援训练

（一）训练目的

通过训练，使参训人员掌握利用六米拉梯，将被困人员从窗口转移至地面的方式方法。

（二）场地设置

在距离训练塔4 m处标出起点线，训练塔前预先架设6 m米拉梯，拉梯顶端与窗台平齐，在二楼窗口2 m处设置操作区，操作区内设一名被困人员。

（三）操作程序

1. 被困人员头部朝窗的情况

（1）听到“窗口救助，开始操作”口令后，1号员、2号员通过6 m拉梯攀爬进入楼层内，3、4号员对拉梯进行稳固保护。当1、2号员发现被困人员时，首先进行“应急救援五步骤检查”：翻转被困人员体位（面部朝上）、检查被困人员生命体征、复位被困人员呼救器、检查空气呼吸面罩佩戴情况、检查空气呼吸器压力表，通过对讲机向外部指挥汇报火场及被困人员情况，准备实施救援。

（2）1、2号员利用双人推拉的方式将被困人员以头部朝窗的姿态转移至窗口附近。通知3号员在窗口外部准备接应。

（3）2号员靠墙呈坐姿状态，将被困人员置于双膝上。1号员卸除被困人员空气呼吸器，将其双腿置于双肩，双手抓住消防腰带。由2号员下达“开始提升”口令，1、2号员协同将被困人员托举至窗台上。

（4）1、2号员调整被困人员体位，使其面部朝下，缓慢置于3号员双臂上。

（5）3号员一手置于被困人员腋下，一手置于其大腿根部下，双手抓紧梯梁两侧，使被困人员身体内侧靠紧拉梯，缓慢转移至地面。

2. 被困消防员脚部朝窗的情况

（1）听到“窗口救助，开始操作”口令后，1号员、2号员通过6 m拉梯攀爬进入楼层内，3、4号员对拉梯进行稳固保护。当1、2号员发现被困人员时，首先进行“应急救援五步骤检查”：翻转被困人员体位（面部朝上）、检查被困人员生命体征、复位被困人员呼救器、检查空气呼吸面罩佩戴情况、检查空气呼吸器压力表，通过对讲机向外部指挥汇报火场及被困人员情况，准备实施救援。

（2）1号员抓被困人员空气呼吸器肩带，2号员反身提起被困人员裤腿，转移至窗口附近。1号员卸除被困人员的空气呼吸器，2号员爬出窗外在拉梯上待命。

（3）2号员上半身靠于窗台，双手提起被困人员裤腿，1号员双手置于被困人员腋下，2名号员协同将被困人员抬举至窗台。

（4）2号员将被困人员双腿置于双肩上，顶住被困人员大腿根部，双手抓紧梯梁两侧，使被困人员背部紧贴拉梯，缓慢转移至地面。

狭小空间窗口救援训练示意图如图 3-56 所示。

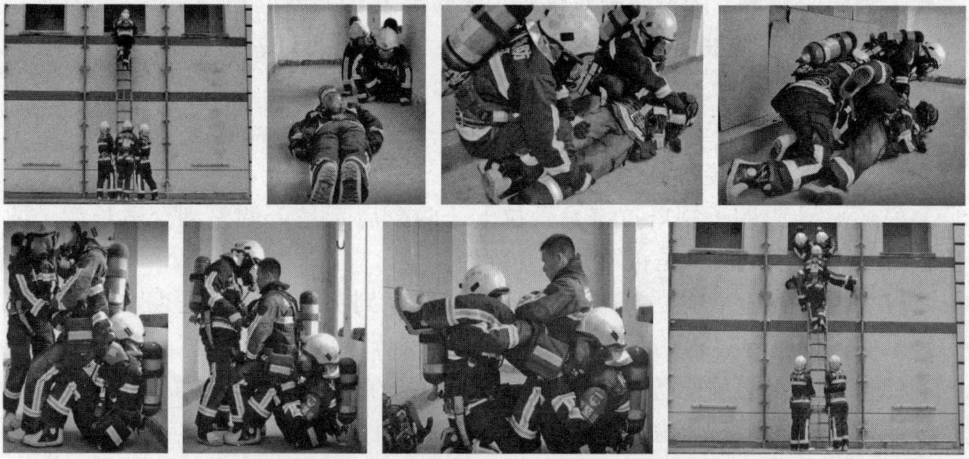

图 3-56　狭小空间窗口救援训练示意图

（四）操作要求

（1）在向下救助过程中，救援人员要保持身体平稳，逐梯下降。

（2）在向下救助过程中，内部救援人员应始终抓紧顶部梯磴，保持拉梯稳定。

（3）两名保护人员要面向拉梯，全程实施保护。

二十、个人防护装备穿戴训练

（一）训练目的

通过训练，使参训人员熟练掌握个人防护装备规范穿戴方式方法。

（二）场地器材

1. 消防员基本防护装备

（1）灭火防护：消防头盔、消防员灭火防护服、消防手套、消防安全腰带、消防员灭火防护靴、正压式空气呼吸器、佩戴式防爆照明灯、消防员呼救器、应急逃生自救安全绳、消防腰斧、消防员灭火防护头套等。

（2）抢险救援防护：消防护目镜、消防员抢险救援头盔、消防员抢险救援防护服、消防员抢险救援手套、消防员抢险救援防护靴、护膝护肘。

2. 消防员特种防护装备

（1）一级防化服防护：一级防化服全套、头盔、头灯、对讲机、空气呼吸器等。

（2）二级防化服防护：二级防化服全套、防化靴、头盔、头灯、对讲机、空气呼吸器等。

（3）防蜂服防护装备：防蜂服防护全套、头盔、透明通风面罩、防穿刺手套、消防胶靴等，随身佩戴对讲机、腰带等。

（4）隔热服防护装备：隔热服全套、头盔、头灯、对讲机、空气呼吸器等。

（三）操作程序

1. 灭火救援服装备穿戴

（1）战斗服裤子裆口拉链是否拉上，两个肩带是否调整到合适长度，两侧腰带是否拉紧，裤口是否覆盖在套靴外。

（2）战斗服上衣穿戴好后，拉链是否拉好到头，魔术贴是否贴紧，颈帘是否贴好，拇指穿过搭扣环，袖口应与手套重合。

（3）腰带上必须配备三个安全钩，分别挂在腰带安全环、安全绳首末端，空呼佩戴完毕后，安全钩必须暴露在外部，不可被遮挡。

（4）个人安全绳末端与安全钩必须连接在腰带安全环上，前端要与安全钩提前制作完成。

（5）绳包配置在腰带左侧，消防腰斧配置在腰带右侧或绳包上。

（6）佩戴好空气呼吸器面罩后，拉上阻燃头套，检查头套是否与面罩边缘贴合，无缝隙，头套后部是否暴露于战斗服上衣外。

（7）头盔佩戴是否贴合头部，下颚带长度是否合适。

（8）战斗服手套外观是否完好，大小是否合适，佩戴后手指是否插到手套末端。

2. 抢险救援防护服穿戴

在抢险救援前，参训人员按照个人防护标准穿戴抢险救援防护服，首先穿戴好抢险救援裤子和靴子，并穿戴并整理好抢险救援服上衣。然后戴好头盔，佩戴腰带，穿戴抢险救援手套。佩戴完成后，检查个人防护装备，头灯、对讲机、25 m二级搜索绳、4 m安全扁带、消防腰斧、安全钩、备用抢险救援手套等。

3. 一级防化服穿戴

在穿戴防化服前，参训人员按照要求佩戴好空气呼吸器（供气状态）、头盔和对讲机。然后在另一名队员辅助下开始穿戴一级防化服。首先穿戴好腿部，然后依次穿戴密封拉链侧的手部、头部和另一侧手部。穿戴完毕后，辅助人员拉上防化服密封拉链并对防化服密闭性进行检查。

4. 二级防化服穿戴

在穿戴防化服前，参训人员按照要求佩戴好空气呼吸器（供气状态）、头盔和对讲机。然后在另一名队员辅助下开始穿戴二级防化服。首先穿戴好腿部位置并穿戴防化靴，然后依次穿戴密封拉链侧的手部、头部和另一侧手部。穿戴完毕后，辅助人员拉上防化服密封拉链并对防化服密闭性进行检查。

5. 防蜂服穿戴

使用时，扎紧袖口、裤脚口，检查防蜂服搭扣等部位是否完好，确保全封闭。使用后，要确保周边无马蜂的前提下再脱下防护服。长时间不使用时，要做好维护。

6. 隔热服穿戴

（1）耐高温裤子、耐高温鞋置、耐高温上衣、耐高温头罩、耐高温手套，隔热服穿好后仔细检查各部位大小是否合适，能否完整地覆盖暴露部位，各部位锁扣是否扣紧。

（2）耐高温裤子，耐高温裤子款式跟普通背带裤类似，穿上以后整理到合适位置，交叉扣好背带扣即可。穿上以后应检查裤长是否合适，是否影响正常操作。

（3）耐高温鞋子，穿好耐高温裤子后，分别将两只鞋子套在鞋上固定后面的系带或粘扣，调整鞋子的位置使其完整地覆盖脚面（注意：一定要把鞋子的鞋筒塞到裤腿内侧，以防止火花飞溅和热熔飞溅顺着耐高温鞋筒掉进鞋内）。

（4）耐高温上衣，上衣穿着比较简单，穿上后整理一下两只袖子到合适位置，扣好扣子或粘扣即可。

（5）耐高温头罩，穿好上衣以后戴上耐高温头罩，调整面屏至合适位置，扣上固定卡扣，调整前后突出位置，使其完全遮盖住上衣的衣领部位，防止高温飞溅顺衣领掉进隔热服内。

（6）耐高温手套，耐高温手套佩戴也比较简单，但是有一点要注意，如果是抬高胳膊工作，就需要将手套筒套到上衣的袖子上面，如果是低头工作就应该把上衣袖口套在耐高温手套外层。这样做同样也是为了防止高温固（液）体飞溅到手套筒内或袖口内对使用者造成伤害。

（四）操作要求

（1）用前必须认真检查服装有无破损，如有破损，严禁使用。使用时必须注意头罩与面具的面罩紧密配合。

（2）使用之前必须检查是否有损坏、连接处有无裂口。

（3）检查防护服是否符合执勤要求、外观是否良好、是否缺少装备。

（4）每次使用后，根据脏污情况用肥皂水溶液洗涤，然后用清水冲洗，在阴凉通风处晾干后包装。

二十一、安全行进与穿越训练

（一）训练目的

通过训练，使参训人员掌握浓烟环境下穿越狭小空间和障碍物的技术方法。

（二）场地器材

1 辆消防车，1 个分水器，3 支水枪，若干盘水带，以及横向纵向穿越辅助架、狭小空间管道、攀爬楼梯辅助架、坍塌辅助架、障碍翻越辅助架等模拟训练设施。水枪为起点，分水器为终点，水带保持充水状态，用颜色或编号区分。安全行进与穿越训练场示意图如图 3-57 所示。

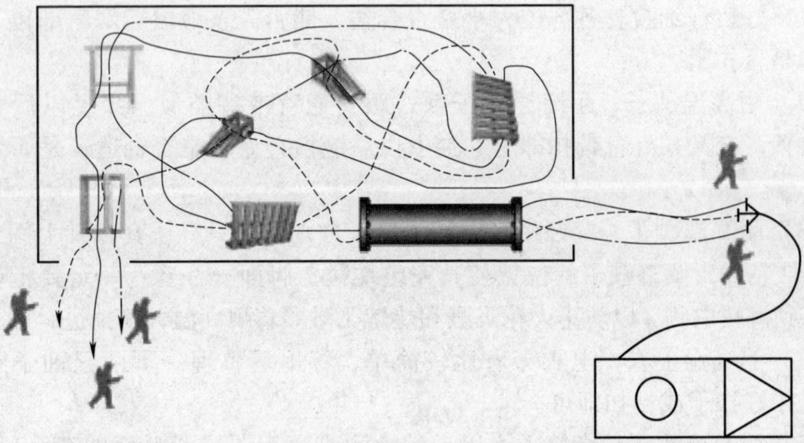

图 3-57　安全行进与穿越训练场地示意图

（三）操作程序

（1）参训人员需着全套个人防护装备，空气呼吸器为供气状态，阻燃头套罩在空气呼吸器面罩外部。双手扶水枪向分水器方向撤离。

（2）在撤离过程中始终保持低姿和手扶水带状态，在穿越、翻越障碍物时双手和身体不得完全脱离水带。

（3）遇障碍物时，确定障碍大小和形状，采取卧姿、跪姿、站姿脱卸空气呼吸器的方法通过。先脱无导管通过的肩带，再脱有导管通过的肩带。

（4）在通过绳索、电线缠绕区域，可采用侧姿通过方式或采用空气呼吸器前送式、怀抱式通过方式。

（5）在通过坍塌陷阱时，将水带夹于两腿间，双手不得同时离开水带。

（四）操作要求

（1）参训人员应规范穿戴个人防护装备。

（2）训练开始前应排查解除训练设施隐患。

（3）组训过程应做好安全管控，谨防出现训练安全事故。

附件：安全行进与穿越训练设施参考标准（见图 3-58）。

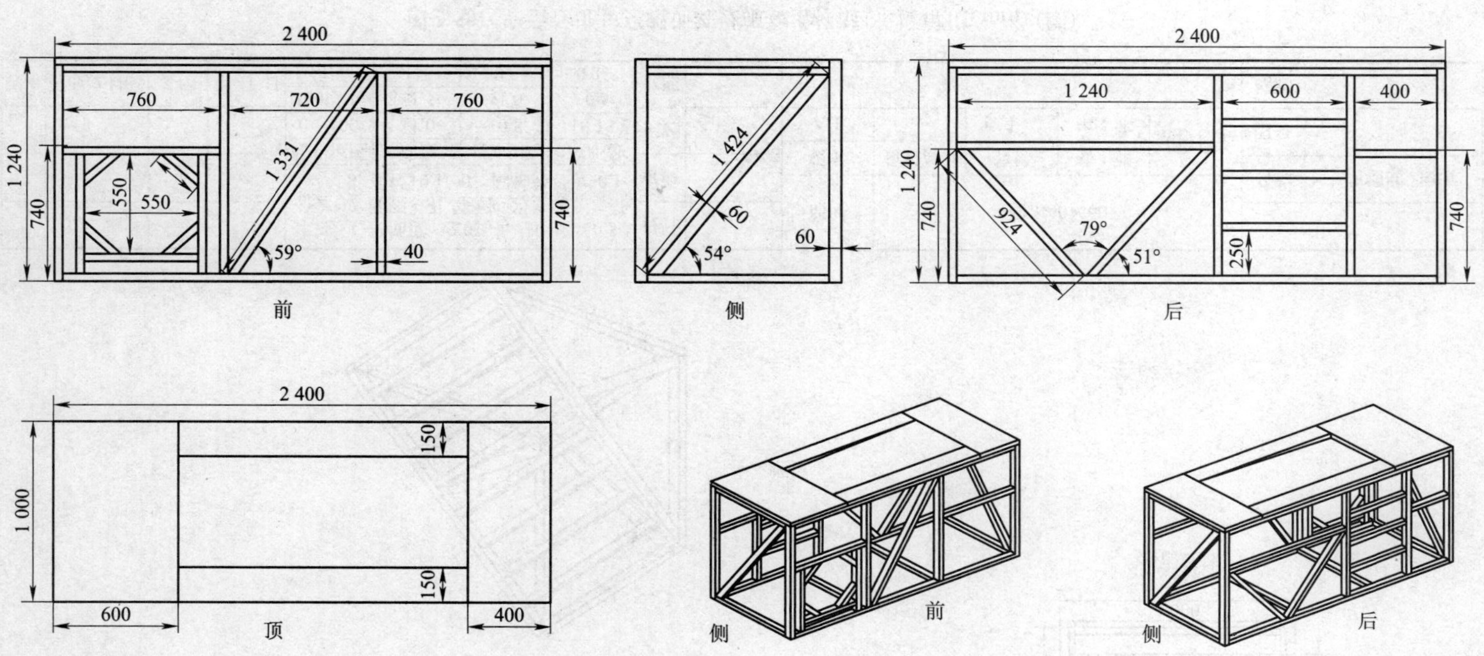

				未注公差 1. 平面度≤2.0；折刀压痕≤0.5 2. 孔距、孔与边距公差±0.2 3. 孔径+0.1/−0；圆轴外径0/−0.1				设计		部件	硬木40×60		
								审核				名称	穿越辅助训练架
				尺寸范围	整数	1位小数	2位小数			版本	重量(kg)	数量	共1张
				0~100	±1.0	±0.5	±0.15	工艺		A/1	kg	1	第1张
				100以上	±1.5	±1.0	±0.5					图号	
版本	更改文件号	签字	年/月/日	角度	±1°	±0.5°	±0.25°	批准				编码	

图 3-58 安全行进与穿越训练设施参考标准(长度单位：mm)

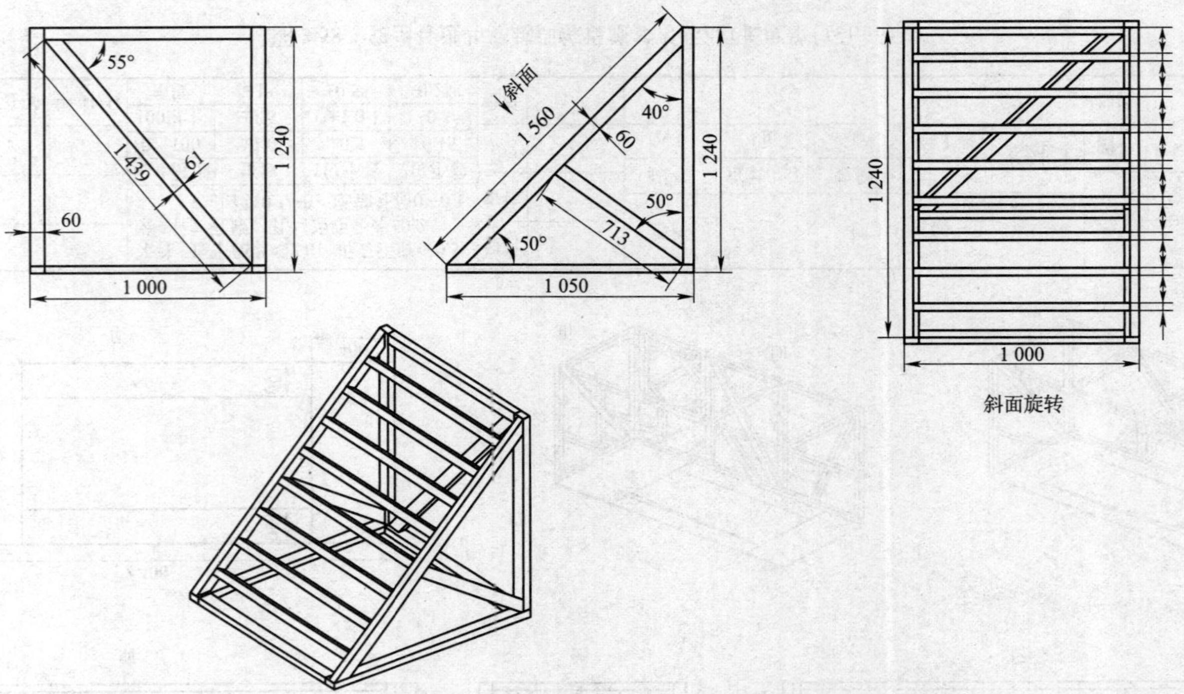

版本	更改文件号	签字	年/月/日

未注公差	1. 平面度≤2.0；折刀压痕≤0.5 2. 孔距、孔与边距公差±0.2 3. 孔径+0.1/−0；圆轴外径0/−0.1		
尺寸范围	整数	1位小数	2位小数
0～100	±1.0	±0.5	±0.15
100以上	±1.5	±1.0	±0.5
角度	±1°	±0.5°	±0.25°

设计	
审核	
工艺	
批准	

部件	硬木40×60				名称	三角辅助训练架
版本	重量(kg)	数量	共1张		图号	
A/1	kg	1	第1张			
					编码	

图 3-58　安全行进与穿越训练设施参考标准(长度单位: mm)(续)

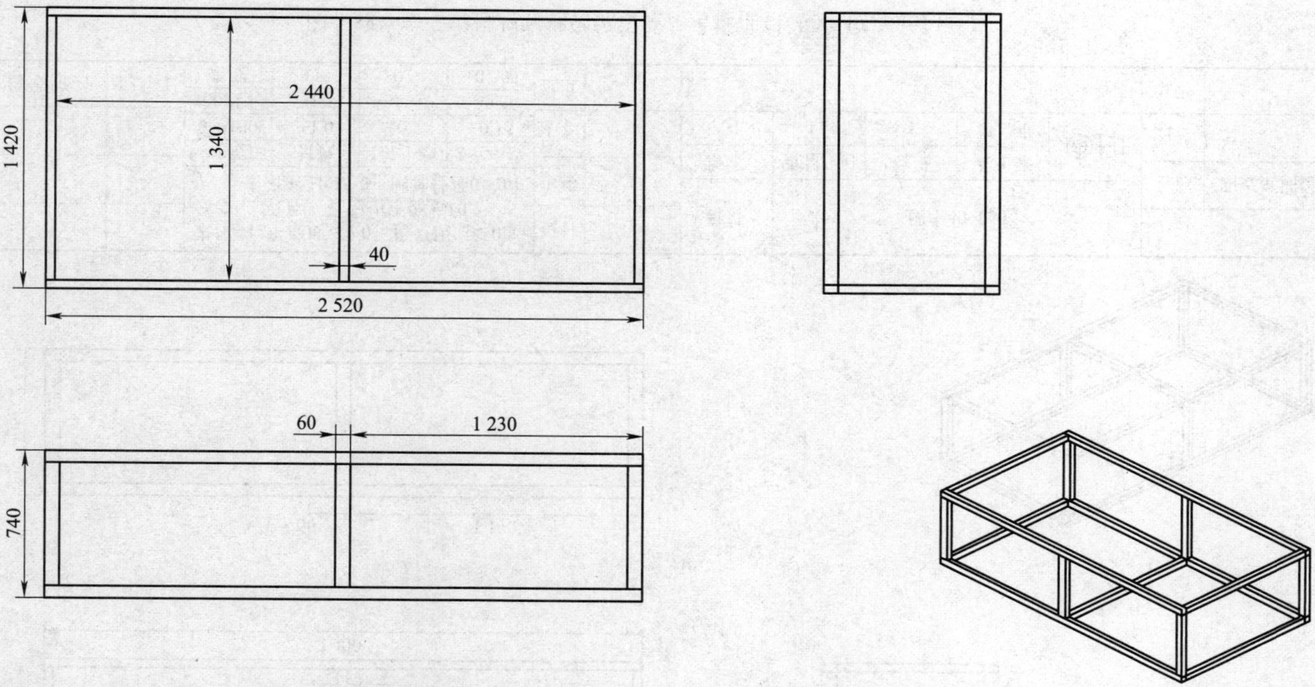

				未注公差	1. 平面度≤2.0；折刀压痕≤0.5 2. 孔距、孔与边距公差±0.2 3. 孔径+0.1/−0；圆轴外径0/−0.1			设计	
								审核	
				尺寸范围	整数	1位小数	2位小数	工艺	
				0～100	±1.0	±0.5	±0.15		
版本	更改文件号	签字	年/月/日	100以上	±1.5	±1.0	±0.5	批准	
				角度	±1°	±0.5°	±0.25°		

部件	硬木40×60					
					名称	四方框训练架-大
版本	重量(kg)	数量	共1张		图号	
A/1	kg	1	第1张			
					编码	

图 3-58 安全行进与穿越训练设施参考标准（长度单位：mm）（续）

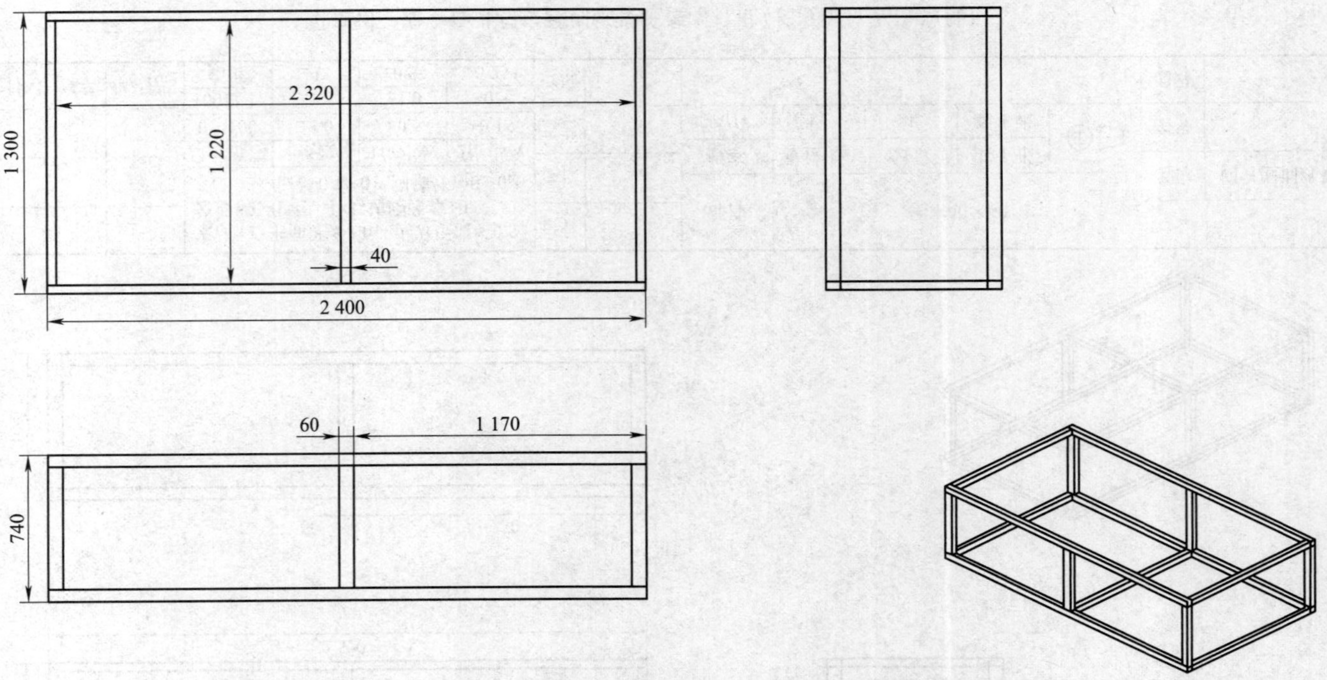

				未注 1. 平面度≤2.0；折刀压痕≤0.5 公差 2. 孔距、孔与边距公差±0.2 3. 孔径+0.1/−0；圆轴外径0/−0.1				设计		部件	硬木40×60				
								审核						名称	四方框训练架-中
				尺寸范围	整数	1位小数	2位小数			版本	重量(kg)	数量	共1张		
				0～100	±1.0	±0.5	±0.15	工艺		A/1	kg	1	第1张	图号	
				100以上	±1.5	±1.0	±0.5								
版本	更改文件号	签字	年/月/日	角度	±1°	±0.5°	±0.25°	批准						编码	

图 3-58 安全行进与穿越训练设施参考标准(长度单位：mm)(续)

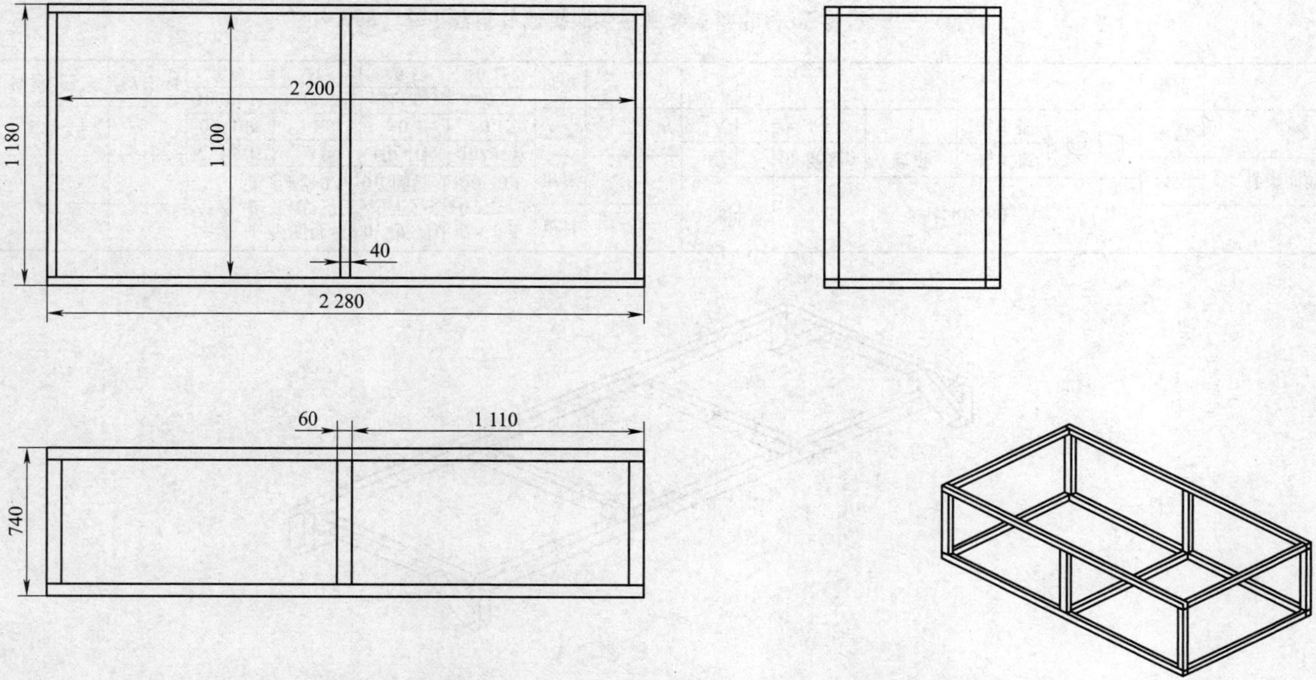

				未注公差 1. 平面度≤2.0；折刀压痕≤0.5 2. 孔距、孔与边距公差±0.2 3. 孔径+0.1/−0；圆轴外径0/−0.1	设计		部件	硬木40×60				
					审核						名称	四方框训练架-小
				尺寸范围 | 整数 | 1位小数 | 2位小数	工艺		版本	重量(kg)	数量	共1张		
				0～100 | ±1.0 | ±0.5 | ±0.15			A/1	kg	1	第1张	图号	
版本	更改文件号	签字	年/月/日	100以上 | ±1.5 | ±1.0 | ±0.5	批准							
				角度 | ±1° | ±0.5° | ±0.25°							编码	

图 3-58 安全行进与穿越训练设施参考标准（长度单位：mm）（续）

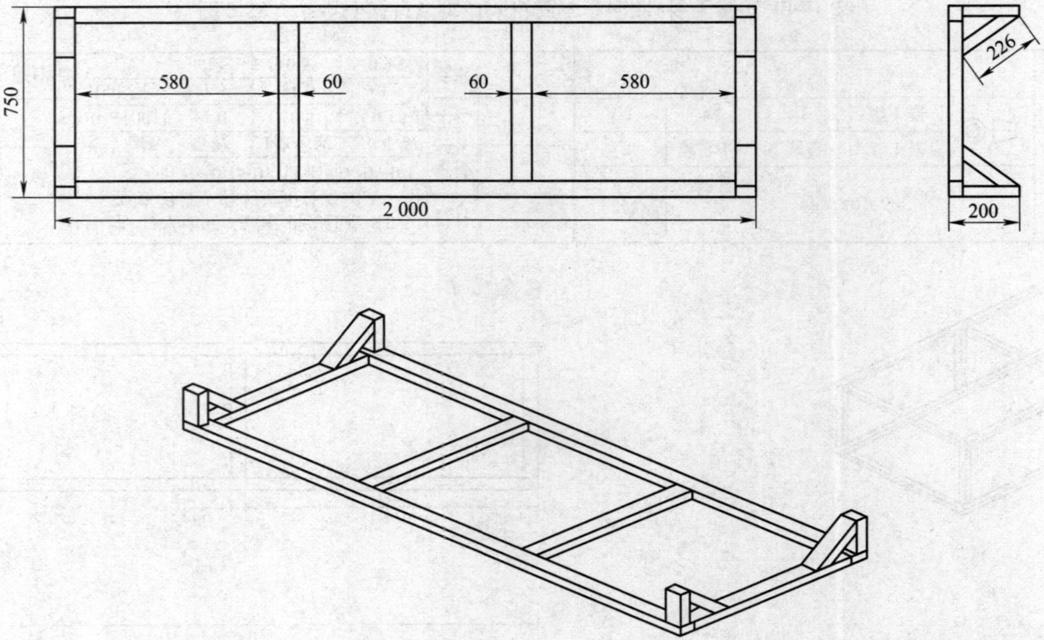

				未注公差 1. 平面度≤2.0；折刀压痕≤0.5 2. 孔距、孔与边距公差±0.2 3. 孔径+0.1/−0；圆轴外径0/−0.1				设计		部件	硬木40×60					
								审核		版本	重量(kg)	数量	共 1 张		名称	管道训练架
				尺寸范围	整数	1位小数	2位小数	工艺		A/1	kg	1	第 1 张		图号	
				0～100	±1.0	±0.5	±0.15									
版本	更改文件号	签字	年/月/日	100以上	±1.5	±1.0	±0.5	批准							编码	
				角度	±1°	±0.5°	±0.25°									

图 3-58 安全行进与穿越训练设施参考标准（长度单位：mm）（续）

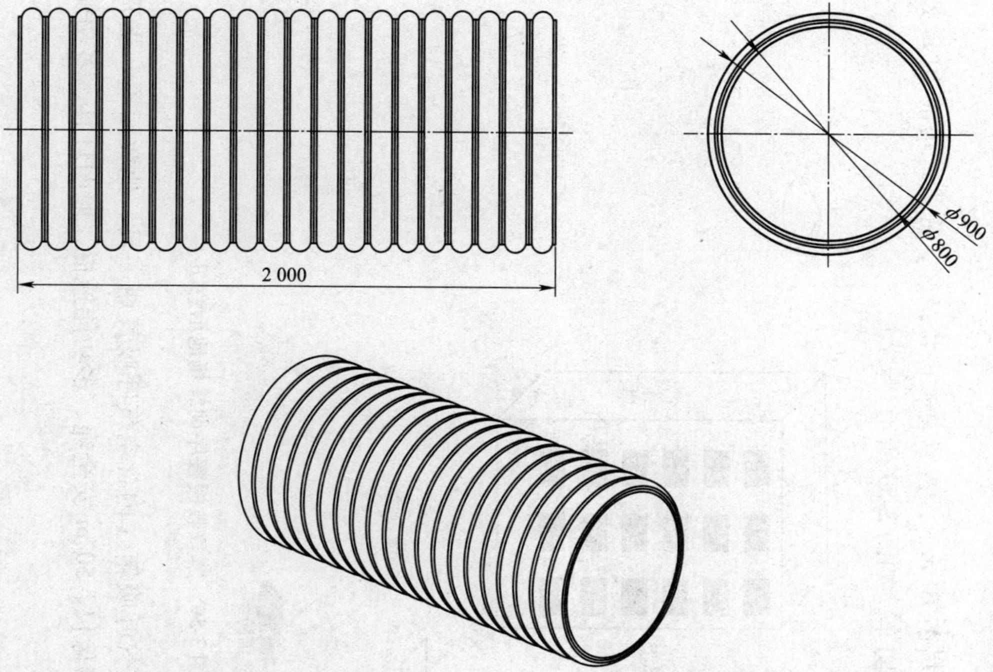

版本	更改文件号	签字	年/月/日

未注公差 1. 平面度≤2.0；折刀压痕≤0.5
2. 孔距、孔与边距公差±0.2
3. 孔径+0.1/−0；圆轴外径0/−0.1

尺寸范围	整数	1位小数	2位小数
0～100	±1.0	±0.5	±0.15
100以上	±1.5	±1.0	±0.5
角度	±1°	±0.5°	±0.25°

设计	
审核	
工艺	
批准	

部件	PVC			
版本	重量(kg)	数量	共1张	
A/1	kg	1	第1张	

名称	穿越管道
图号	
编码	

图 3-58 安全行进与穿越训练设施参考标准(长度单位: mm)(续)

二十二、紧急救援程序训练

（一）训练目的

通过训练，使参训人员掌握火场人员被困时，组织实施紧急救援工作的程序和方法。

（二）场地器材

场地设置：在训练塔前10 m，设置紧急救援集结区，在训练塔前20 m处停放一辆装备齐全的消防车，如图3-59所示。

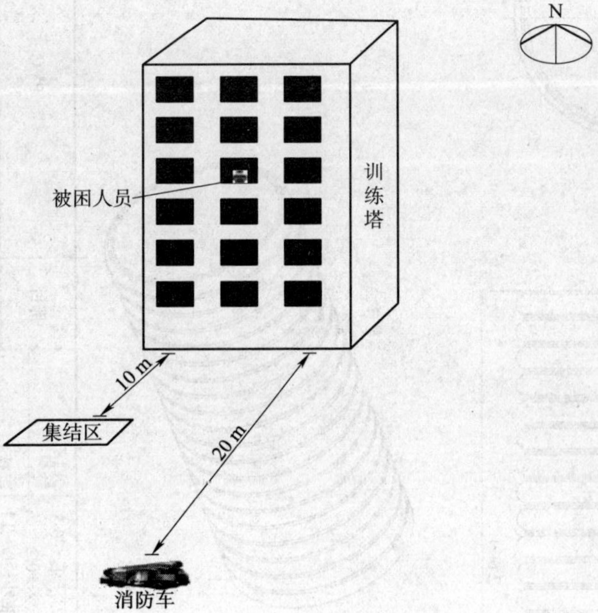

图3-59　紧急救援程序训练场地示意图

器材装备：应急空气呼吸箱（内含空气呼吸气瓶一具、他救面罩一支）、安全员携行箱、红外热像仪、50 m安全绳、多功能撬棍、照明灯具、多功能担架等。

（三）任务分工

指挥员：负责统筹现场指挥、安全管控；携带红外热像仪。

安全员：负责评估风险并提示安全事项，开展安全检查，明确撤离信号，协助指挥员全程管控安全；携带《安全风险评估表》、安全员携行箱。

紧急救援小组：负责遇险被困参训人员营救；携带应急空呼箱、红外热像仪、50 m安全绳、多功能撬棍、照明灯具、多功能担架等。

被困参训人员：负责寻找掩体，就地待援，发出求救信号；着全套个人防护装备，空气呼吸器压力不足 5 MPa。

（四）操作程序

（1）被困人员使用对讲机发出求救信号："呼救、呼救、呼救"（重复），"××消防站、姓名、在××位置、正在执行××任务、遇到××危险，请求救援"。并采用"深吸慢呼"的方式降低气量消耗。

（2）指挥员回应并安抚被困人员情绪：收到，请保持冷静，寻找掩体，积极避险待援。

（3）指挥员管控通讯频道：全体人员请注意，该频道设为紧急救援频道，供指挥员、安全员和紧急救援小组使用，其余人员转入备用频道。

（4）指挥员、安全员、紧急救援小组组长制定救援方案，并携带装备，开展内攻搜救。

（5）紧急救援小组发现被困人员后，快速评估生命体征、向外发出救出信号，对其空呼进行更换，选择安全的方式施救。

（五）操作要求

（1）更换面罩时，动作紧凑、连贯，尽可能缩短空气呼吸面罩离开被困人员面部的时间。

（2）装备解除时，注意控制被困人员颈、腰部，防止二次伤害。

（3）被困人员讲清呼救要素，每间隔 5 s 进行重复呼救，直至收到回复为止。

（4）紧急救援小组进入内部搜救时，进入 3 人搜救，外部留有 1 人作为机动人员。

二十三、紧急避险与人员搜救技术

（一）训练目的

通过训练，使参训人员对大跨度厂房紧急避险技术有所了解，同时对人员搜救技术有所掌握。

（二）典型案例

苏州达运精密公司火灾亡人战例。2012 年 2 月 1 日，江苏苏州达运精密公司发生火灾，苏州支队调集特勤三中队等 3 个中队 50 名参训人员赶赴现场处置。5 时 15 分，特勤三中队到场，现场指挥员组织两个搜救小组系导向绳内攻搜救。6 时 02 分，第一搜救小组撤离，第二搜救小组发现火势蔓延，便利用室内消火栓出水枪控制楼内火势，6 时 10 分，指挥员要求第二小组撤离，撤离途中发现撤离路线被封死，最终孙某某牺牲。

上海金山胜瑞电子科技有限公司火灾亡人战例。2021 年 4 月 22 日，13 时 30 分，上海市金山区林盛路 171 弄 116 号胜瑞电子科技（上海）有限公司发生火灾事故，造成4名员工被困。因火场内部结构复杂，生产设备密集，产生高温浓烟，2名消防救援人员和2名企业技术人员进入内部搜救被困人员时失联。4月23日10时，8名失联人员均已找到，经现场医护人员确认，已无生命体征。

（三）基础理论

1. 大跨度厂房紧急撤离

外部撤离信号：外部撤离信号主要场景运用在厂房火灾、车辆事故、建筑坍塌抢险救援，人员主要集中在外部，较为开阔、声音传输较好。主要采取驾驶员鸣笛的方式进行。

内攻撤离信号：内攻撤离信号较为复杂，首先由于人员深入建筑内部，火场噪音较大，不一定能听到外部鸣笛声。其次由于佩戴空气呼吸器，无法吹哨。内攻撤离信号应采用接力传递方式进行。

由安全员利用急促哨音发出首轮报警信号（发布信号的同时，自己或通信员在旁边打开电台，确保信号传输到内部）。随后驾驶员急促鸣笛示意。

内攻班组班指挥、指挥员听到报警信号后，利用持续扣压高音喇叭传递紧急撤离信号。任何听到信号的班指挥、指挥员在组织周围人员向外撤离的同时也要利用同样方法发布信号，保证信号接力传递。

2. 人员搜救技术

1）搜救编成（见表3-7）

表3-7　人员搜救编成表

人　　员	携带装备	职　　责
指挥员	热成像仪、哈利根撬棍、对讲机、喷漆罐	确定分队搜救战术、引导前进方向
班指挥（搜救手）	50 m绳包、对讲机、热成像仪	主要负责对人员进行搜救
一号员（辅助搜救手）	他救面罩、扁带、担架、哈利根撬棍	辅助搜救手搜索人员、转运伤员
二号员（破拆手）	哈利根撬棍、金属切割机	对部件进行破拆
三号员（辅助破拆手）	转换接口、ϕ50 mm水带、水枪	必要时出水进行掩护
安全员	强光照明灯	后场引导

2）搜救方法

根据建筑类型、建筑内部结构一般有以下五种搜救方法。

（1）扫描搜索法。扫描搜索法适用于商业综合体中、大跨度厂房中较为开阔的空间搜索。

搜索班组携带了救生照明线、50 m主绳、移动照明灯组。由于空间开阔相对无障碍，重型破拆装备不携带。救援人员可以背负氧气呼吸器作业。班组到达搜索区域后，安全员架设移动照明灯，为搜救方向提供照明。指挥员将主绳拴在自己腰包上，携带热成像仪和哈利根撬棍探步前进，同时每行进 5 步释放一个小荧光灯，用于标记搜索方向。前进约 5 m 后，其他搜索队员将自身安全绳与主绳相连，呈扇形展开，并利用哈利根撬棍探步前进，对扇形区域进行扫描搜索，如图 3-60 所示。

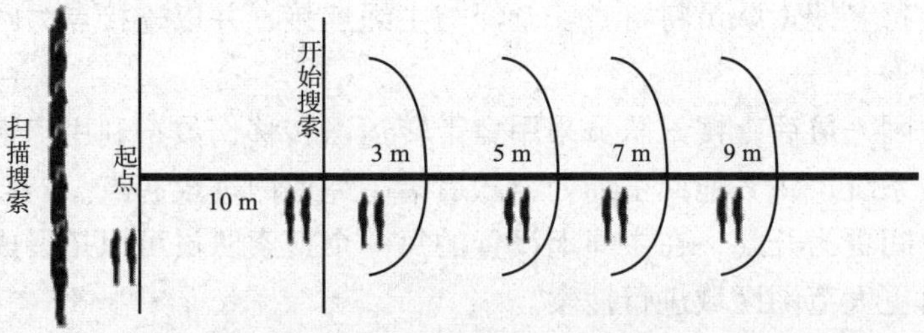

图 3-60　扫描搜索法操作示意图

发现被困人员后，被困人员倒在墙前，搜救人员决定采用单人托举法转运伤员。单人托举法主要利用现场地形，将伤员撑起靠在墙上，方便参训人员背起转运。

（2）派出搜索法。派出搜索法适用于较为狭长的空间，如回廊、走廊等搜索。

搜救班组前进到走廊后，两名后方队员分别架设移动照明灯组，用于引导搜索方向。同时为了预防局部坍塌情况，后方队员还携带了破拆器材并放置在起点区待命。两名搜索队员将自身安全绳分别与后方队员相连，并手持热成像仪，利用哈利根撬棍探步前进搜索。搜索队员发现前方因局部坍塌造成道路封阻，便返回起点区携带破拆器材拆除障碍，如图 3-61 所示。

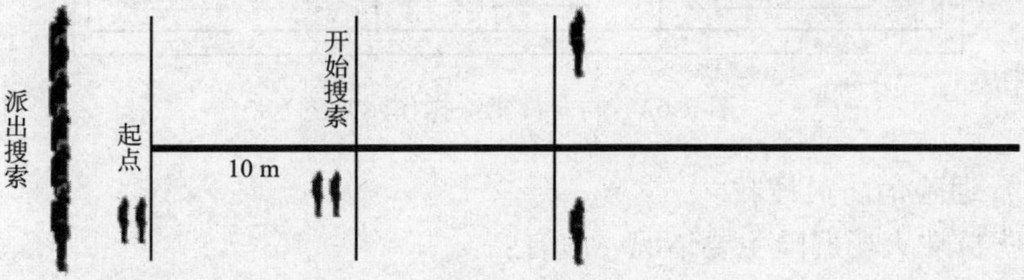

图 3-61　派出搜索法操作示意图

发现被困人员后，搜索队员采用单人抱行法进行转运，他将伤员上半身托起，两手扣于伤员胸前，随后利用膝盖为支点发力将伤员撑起，对伤员实现转运。

完成对区域搜索后，一名队员在搜索起点放置一根荧光棒代表完成搜索。

（3）连线搜索法。连线搜索法适用于大跨度厂房特别是仓储类厂房、大空间的搜索，也适用于多个班组同时展开搜索。

由于空间跨度较大，搜救班组应尽可能携带照明功率较强的照明灯组支援作战，并携带 50～100 m 的主绳。同时为了支持长时间作业，救援人员可以背负氧气呼吸器或利用移动供气源。指挥员将主绳固定在安全腰带上低姿前进，同时手持热成像仪和哈利根撬棍进行探索。指挥员身后每隔 5～10 m 设置一名搜索队员，每名搜索队员将自身安全绳与主绳连接，并以连接点为圆心对范围进行系统搜索。

发现被困人员后，搜索队员采用扁带转运法转移伤员，利用扁带在伤员身上制作拖拽系统，将其拖回主绳处，随后沿主绳返回进攻起点。

如果空间更为开阔，在主绳上设置的每一个搜索队员可以拓展成为一个搜索分队，对更大范围区域进行搜索。

（4）同向搜索法。同向搜索法较为简单也较为实用，在宾馆、学校宿舍以及办公区等人员密集场所运用较广。搜救人员沿墙按一定方向前进，边行进边铺设救生照明线。到达房间门后派出人员在房间内进行搜索，如图 3-62 所示。

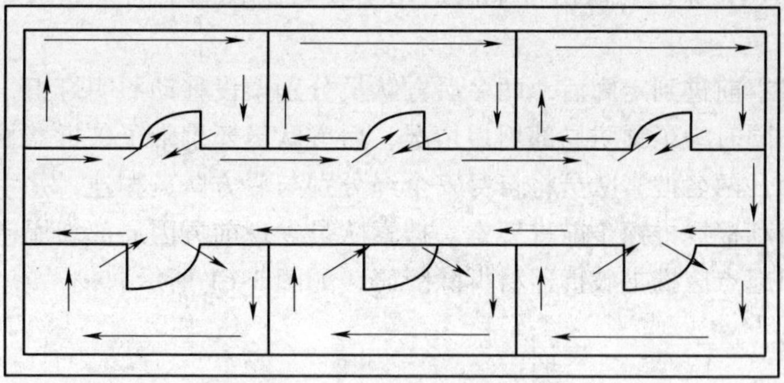

图 3-62　同向搜索法操作示意图

（5）遇险消防员搜救。

消防员在火场遇险主要情况一般有：

①空呼紧急情况：空呼损坏、余气不足支撑撤离火场。

②迷失方向：消防员失去与队友、水带等参照物联系，在火场内迷路。

③缠绕：被散落的电线、掉落的天花板等困住。

④坍塌：建筑物坍塌导致原路径不可用。

假设一名消防员在延伸水带干线途中遭遇建筑内局部坍塌被困，这时他利用电台向指挥员汇报情况，注意他的汇报内容：自身位置、姓名、所属单位、执行的任务、遇到什么困难（空气呼吸器无气、被压住）、以及当前处境。

搜救分队根据指挥部要求展开搜救，结合遇险消防员情况，搜救分队进行装备配备。

对遇险消防员的搜救可以采取一些特殊的方法，如摸索进攻干线寻找遇险消防员。

（四）操法规程

以内攻搜救操——单一班组搜救技战术为例，操作规程如下：

1. 搜救作战编成（见表3-8）

表3-8　搜救作战编成表

人　员	携带装备	职　责
指挥员	热成像仪、哈利根撬棍、对讲机、喷漆罐	确定分队搜救战术、引导前进方向
班指挥（搜救手）	50 m绳包、对讲机、热成像仪	主要负责对人员进行搜救
一号员（辅助搜救手）	他救面罩、扁带、担架、哈利根撬棍	辅助搜救手搜索人员、转运伤员
二号员（破拆手）	哈利根撬棍、金属切割机	对部件进行破拆
三号员（辅助破拆手）	转换接口、ϕ50 mm水带、水枪	必要时出水进行掩护
安全员	强光照明灯	后场引导

2. 搜救战术展开

扫描搜索法：安全员在搜索起点制作绳包锚点，架设强光照明灯，其余队员在指挥员带领下边铺设绳包边推进，指挥员认为具备展开搜索条件后，迅速制作锚点，班指挥、一号员、二号员将大型装备留在原地，利用自身安全绳包与主绳相连，呈扇形展开搜索。适用于厂房开阔空间搜索。

连线搜索法：安全员在搜救入口架设强光照明灯，制作50 m绳锚点，登记内攻人员名单，做好每5 min呼叫准备；搜救指挥员携带50 m绳包边铺设边行进，其余号员保持固定间距。行进至适当位置后，指挥员通知各号员利用自身安全腰带绳包与主绳相连，统一向室内左边推进，随后返回主绳，统一向右边推进。适用于仓储厂房搜索。

同向搜索法：搜救班组前进至目标层楼梯间，安全员在楼梯间架设强光照明灯，制作50 m绳锚点，指挥员携带50 m绳包、救生照明线沿一侧墙面边行进边铺设；每行进至一个房间，开门或破开门后两名队员携带热像仪、扁带、哈利根沿特定顺时针、逆时针方向进行搜索。

（五）安全管控要点

（1）入口安全员。每个内攻入口设置安全员1名和1个安全管控区，主要负责对内攻人员登记管控，评估火场内攻风险，全程监测内攻行动，出现突发情况，第一时间组织紧急救援。

(2) 区段安全员。当参战力量多时，应划分战斗区段，每个战斗区段设置1名安全员，负责区段的安全评估、人员管控、发布撤离信号、紧急救援等管控工作。

(3) 紧急救援小组。在内攻入口处按照与内攻人数1∶1比例设置紧急救援小组，主要负责开辟救生通道，快速营救被困人员，适时与内攻人员轮换作业。参战力量多时，可负责区段内的紧急救援任务，组长兼任区段安全员。

(六) 管控程序

(1) 评估风险。到场后，区段安全员和入口安全员配合指挥员开展火情侦查，按照各自分工评估现场危险，并通报全体人员。

(2) 内攻管控。入口安全员对内攻人员开展“三检查”（查内攻人员数量、查个人防护穿戴、查空气呼吸器压力），并逐人登记。

(3) 作战区段管控。区段安全员开展区段作战行动安全检查和风险评估，以及紧急救援小组准备情况。

(4) 紧急撤离通道管控。按照“一主一备”要求管控紧急撤离通道，确保内攻人员能安全撤离。在内攻水带进入口设置主通道，通过破拆外部门窗、架设消防梯等方式设置备用通道。

(七) 安全提示

(1) 内攻前必须充分评估内部潜在危险，对无人员被困，有内攻风险的不得盲目内攻。

(2) 严格落实内攻班组“同进共出”原则，一人报警、共同撤离，严禁单独行动、单人撤离或留守。

(3) 每个战斗区段原则上应开辟至少1处备用撤离通道，以便应对突发情况。

(4) 入口安全员要定时联络内攻人员，及时更新行动信息，发现危险征兆，及时发出紧急撤离信号。

第三节　实战场景训练

一、烟热室适应训练操

(一) 训练目的

通过训练，提高参训人员在烟热环境行进的心理适应能力。

(二) 场地器材

在烟热室入口前3 m标出起点线，如图3-63所示。

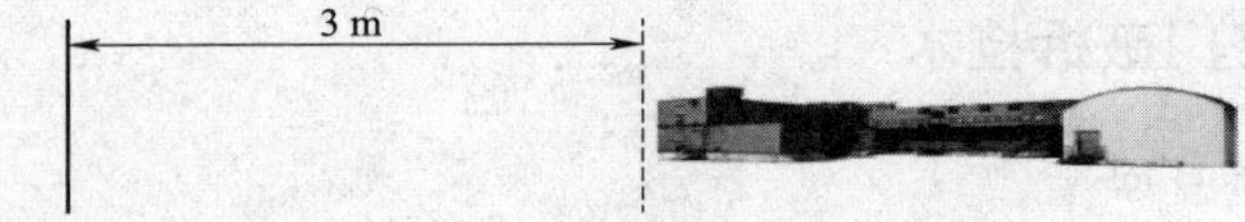

图 3-63 烟热室适应训练场地示意图

（三）操作程序

（1）参训人员在起点线一侧 3 m 站成一列横队。

（2）听到“第一名出列”的口令，参训人员答“是”，并跑至起点线面向指挥员呈立正姿势。

（3）听到“准备”的口令，参训人员佩戴好空气呼吸器，做好操作准备。

（4）听到“开始”的口令，参训人员由入口进入烟热室，采取匍匐或蹲步行进的方法，依次通过障碍至出口，返回起点线后，举手示意喊“好”。

（5）听到“操作完毕”的口令，参训人员将器材复位，面向指挥员喊“好”。

（6）听到“入列”的口令，参训人员答“是”，并跑步入列。

（四）操作要求

（1）参训人员着灭火防护服、灭火防护靴，佩戴消防头盔、消防安全腰带、阻燃头套、安全绳、腰斧、呼救器（与方位灯合一）、防爆照明灯、消防手套、正压式空气呼吸器（容积≥6.8 L、气瓶压力≥25 MPa）。

（2）烟热室发烟量应符合黑暗环境要求。

（3）训练中不得摘下面罩，不得破拆、移动障碍。

（4）训练时应利用监控系统实施全程监控。

烟热室适应性训练操评定标准见表 3-9。

表 3-9 烟热室适应性训练操评定标准

任务：完成烟热室适应性训练					
考核结果：参训人员能够完成项目操作					
考核指令：计时从“开始”至参训人员喊“好”止					
序号	评判要点	单项完成情况		综合评定	
		完成	未完成	合格	不合格
1	按操作要求着装				
2	行进过程中空气呼吸器面罩不得脱落				
3	按操作程序完成				
4	操作规范，动作连贯				
备注：任意一项未完成，综合评定“不合格”。					

二、防盗门破拆技术

（一）训练目的

通过学习使参训人员到场后充分掌握各种型号的防盗门破拆方法，为实施内攻救人而赢得时间。

（二）事故特点

在一些居民火灾中往往因防盗门锁住，使消防员无法快速进入室内灭火，而延误了战机，因此就需要研制一套防盗门的破拆方案，使消防员可以迅速地破拆防盗门，进入室内扑灭火灾。

（三）操作安全注意事项

1. 破拆前的准备

破拆的个人防护：手套、护目镜、头盔，个人防护装备要佩戴紧密，手套要防割、防滑。

2. 破拆的安全事项

（1）检查工具的牢固性，防止分离伤人。

（2）挥动斧锤时，使用砂轮时，划定作业区域，上下前后都要照应，禁止人员接近。

（3）在有气体泄漏的场合，不可触动电器开关和使用不防爆工具，不要试图将开启的电器设备关闭，容易产生火花，比开着更危险。

（四）门的破拆

1. 门的分类

门分为木门（空心、实心）、包金属门、金属门、多锁门、钢化玻璃门，现在生活中一般平开式防盗门较为常见，根据其安全级别可分为 A 级、B 级和 C 级防盗安全门，其中 C 级防盗性能最高，B 级其次，A 级最低，现在常见是 A 级防盗安全门，它比较适合于一般的居民消费者使用。防盗门还有针对性地采取了钢质材料、多点锁挂、遮挡门缝、锁具防钻等防盗措施，能够有效地防止外力冲撞、切割、插入、拆卸、撬动等动作对门的破坏，具有很高的安全性能，一些新品种的防盗门还配置了在受到非正常开启时自动发出声响报警的装置。所以，门的种类很多，其材质、结构及闭锁方式也各不相同，一个合格的破拆员必须首先掌握最基本的常规破拆技能和各类门、窗、锁、建筑构件的基础知识，最重要的是，要在实战中积累经验。

2. 破拆前的注意事项

（1）破拆前的现场观察尤为重要。特别是在破拆中注意仔细观察，试探性地破拆一些部位，判断哪些地方是“硬骨头”，是否一定要去碰，能否找个“软肋”首先来开刀，考虑好再行动。

（2）做好房屋主人的思想工作，就是要对房屋的主人进行核对确认，并予以告知相关内容，征得许可，紧急情况下可请求民警协调处理，以避免争议。条件允许的情况下，如果能从窗户进入，相对破拆门要轻松许多。

（3）做好相关的掩护工作。室内的热量、烟雾、火焰、能见度等都是掩护队员必须考虑的问题。所以，可以在破拆前摸摸门，摸摸锁，看看是否发热，设置掩护水枪阵地，防止可能出现的各种紧急情况，也可边破拆边润湿，防止出现火花。

（4）破拆时，应根据实际情况，采取最简便的方法将门打开。星级宾馆、写字楼通常都有内部通用（万能）钥匙，分为全楼、局部或单层通用，既有金属钥匙，也有电子钥匙。参训人员在登楼时应向有关人员索取，以便及时开启门锁、打开通道，避免不必要的破拆，减少经济损失。还需要注意的是，一扇门上并不一定只有一个锁。再提醒一句，在破拆之前，先去开门，看锁是否本来就是开着的，否则就是浪费精力。

3. 破拆的方法

有砸撬、拉拽、切割、冲撞、爆破、顶撑、机械拆除等，具体要根据工具的不同，采取不同的方法。

针对一般建筑物的防盗门，消防破门大多会采取四种方法破拆。

（1）门缝破门：利用门缝采用杠杆原理强力破门。

（2）正面破门：正面切割门板，在防盗门结构已变形，有分锁点被卡时，此种方法快速有效。

（3）门锁破坏：锁的关键位置破除后把门打开。

（4）门轴破坏：把门轴破除开启。

各类破拆方法示意如图 3-64 所示。

4. 破门的具体动作

1）门缝破门

（1）撬拨锁舌法：适用于通过门关闭时的“惯性”碰撞，让锁舌自动插入固定槽锁闭，锁舌是倾斜的门锁。外开门时，利用开锁拨片从门缝中伸入，使前端的小弯钩向下拨锁舌，让它倒回锁槽内同时阻挡锁舌再次弹出。内开门时，可用薄刃、塑料卡（电话卡）等薄片制品，从门缝上侧一边前后晃动门体一边滑到锁具处，卡回锁舌，直至薄片将锁舌间隔，即可开门。撬拨锁舌法示意如图 3-65 所示。

（2）撬拗法：用撬棒的尖端在门的边框上撬开一个缝隙，便于扩大后撬棒能够插进去。注意，撬棒的尖端应当在锁上方或下方 15 cm 处（可充分利用杠杆原理，方便操作）。

因为大多数的锁有约 8 cm 宽，如果取小于 8 cm 的距离将锄头面伸进去，

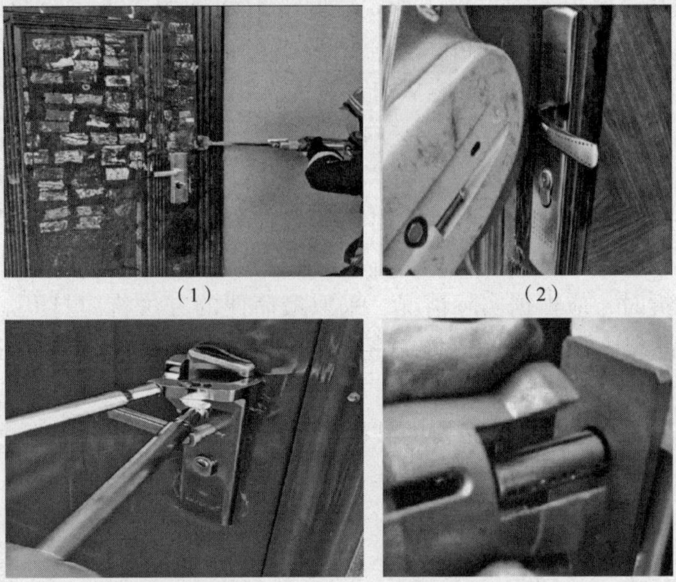

（1）（2）（3）（4）

图 3-64　各类破拆方法示意

图 3-65　撬拔锁舌法示意图

势必会扎到锁这一硬骨。另外，一定是撬棒的尖端插入门缝，否则破拆会比较吃力。在撬棒的尖端成功插入之后，向上抬或者向下压动把柄，使其门缝变大，当门上方门缝变大后，退出撬棒，换另一头插入沿门缝往下移，持续左右搅动顶开的动作，直至靠近门锁的地方，用力一顶（内开门向外，外开门向内），后面的门锁或门锁固定器就会损坏，门就可以被打开，如果有两支撬棒更好，一支插进门缝另一支交替逐步向门锁靠近，直到将防盗门拗开为止。

如果遇到两个锁存在，那么取两个锁中间的位置将撬棒的尖端塞进去。如果塞不进去，可以使用大锤或消防斧头背面将其敲打进去。

在二人破拆小组中，靠前一名操作队员应靠在门上，以便于随时观察破拆情况，提示同伴，并给门板一定的稳定力量，使门不回返，配合撬棒移位。撬拗法示意图如图 3-66 所示。

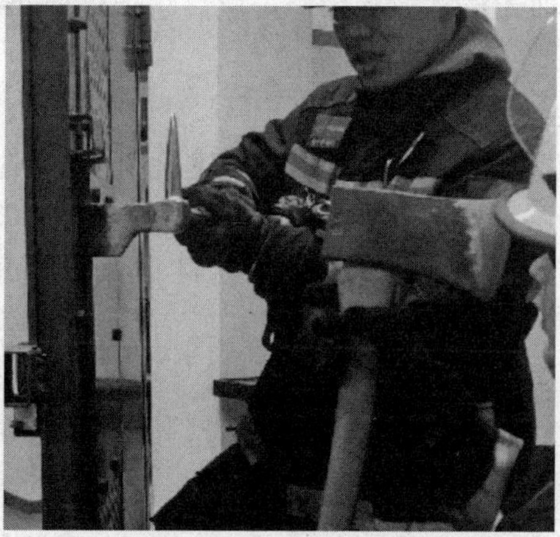

图 3-66 撬拗法示意图

（3）液压顶撑法：使用手动液压破门器，最大工作行程 15 cm，直接作用锁部位，实施加压顶撑，使门受力开启。在实战运用中，破拆房门较为便捷、实用。使用机动液压破拆工具会比手动液压破拆工具起到更好的效果。

2）正面破门

对于普通房间的门，利用脚踹、破门锤冲击等方式可以实现快速破拆，正面破拆防盗门可以采取无齿锯。

3）门锁破坏

锁可分为球型锁、管型锁、防盗锁、插锁、复合锁、磁锁等，通过破坏门锁将门打开，是破坏性较小而且比较方便的开门方法。

根据门锁结构的不同，选择适当的破拆方法，也可利用便携式无伤开锁器等专业工具来开锁。对于挂有明锁的门，可用消防斧、撬棒将门扣或挂锁撬下，即可开门。

4）门轴破坏

一般的内置门轴可以强力破拆，类似于门缝破拆。

外露的门轴可由无齿锯切割、撬棒铁锤敲击，除去保护帽，拔出轴心，从门轴处用撬棒或腰斧在人力扶助下开启门扇。

多工具的配合更可以提高效率，在实践中多总结研究，就可以缩短开门时间。手动液压破门器，电动双向切割机、金属切割机，这三种工具组合使用能迅速破拆防盗门，在多次现场使用上，破拆房门较为便捷、实用。

三、避难层、防烟楼梯间等疏散搜救技术

（一）训练目的

通过训练，使参训人员掌握利用避难层、防烟楼梯间等开展人员集中疏散的方法。

（二）场地器材

模拟一栋60层超高层建筑发生火灾，建筑20层为避难层，15层为着火层。着火层以上多楼层存在被困人员，建筑外围停靠1辆泡沫消防车，配备“五小件”、100 m救生照明线、简易破拆器材、消防过滤式自救呼吸器若干，如图3-67所示。

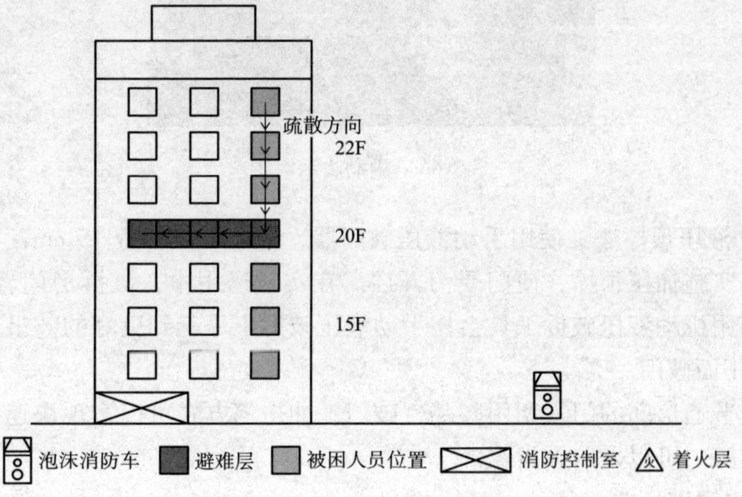

图3-67　避难层疏散搜救技术

（三）人员配置

1车7人。指挥员1人、班指挥1人、号员3人、安全员1人、驾驶员1人，参训人员按实战要求着装。

（四）操作程序

（1）听到“开始”口令后，安全员对建筑出入口进行安全管控。

（2）指挥员带领1名号员进入消防控制室，通知值班人员启动消防应急广播，通过广播引导着火层以上人员至避难层集中。班指挥带领2名号员携带热成像仪、救生照明线、简易破拆器材以及消防过滤式自救呼吸器乘坐消防电梯至13层，作为进攻起点层，在13层设置救生照明线箱体，通过防烟楼梯间铺设救生照明线至20层避难层。被困人员戴上消防过滤式自救呼吸器，沿救

生照明线指示方向疏散至地面安全区域，疏散完成后，班指挥使用消防电话分机与消防控制室联系，测试通话功能是否正常。

（3）待完成所有操作后，指挥员示意喊“好”。

（五）操作要求

（1）利用广播疏散时必须正确引导人员自救。

（2）展开人员搜救要注意逐层开展，防止出现遗漏区域。

（3）在前往疏散楼层同时通过呼喊、照明、热成像等方式检查楼道内是否有人员可以一并疏散。

（4）转移被困人员时，注意安抚被困人员情绪，查看防烟楼梯间烟雾浓度，确保安全转移。

四、内部路径疏散搜救技术

（一）训练目的

使参训人员熟悉高层建筑人员疏散搜救的顺序，以及多种途径开展多楼层、多点位搜救人员的方法。

（二）场地器材

模拟一栋50层超高层建筑发生火灾，16层为着火层，13、27、43层为避难层。建筑内部多楼层存在被困人员，建筑外围停放2辆泡沫消防车、2辆云梯消防车、1辆登高平台消防车，配备“五小件”、简易破拆器材、消防过滤式自救呼吸器、搜救标识、扩音器、担架等器材。

（三）人员配置

5车27人。指挥员2人、通信员1人、安全员1人、驾驶员5人，6个搜救小组，每组不少于3人。

（四）操作程序

（1）听到“开始”口令后，安全员对建筑出入口进行安全管控。

（2）2号车指挥员前往消防控制室，通知值班人员启动消防应急广播，通过广播引导着火层以上人员至避难层集中，并利用监控查看建筑内部情况，及时向内攻搜救小组汇报；通信员利用无人机侦察建筑外窗、裙楼、屋顶平台等区域人员呼救情况，并利用4G布控球上传现场画面。1号车指挥员根据现场人员被困情况，安排4个搜救小组各自完成疏散搜救任务，1名通信员跟随1号车指挥员负责记录和跟进搜救情况。

（3）搜救区域包括着火层及上一层、顶层及下一层、被困人员具体楼层、重点楼层、着火层下一层、其他楼层等。

①着火层及上一层：1号搜救组携带简易破拆器材、消防过滤式自救呼吸器、搜救标识、担架等器材，利用消防电梯登高至14或15层，沿防烟楼梯间

对16、17层的楼梯、房间、廊道等区域展开搜索，搜索过的区域使用搜救标识标记清楚，被困人员较多时可疏散至邻近避难层，待力量充足后，分批次疏散至地面安全区域。

②顶层及下一层：2号搜救组携带简易破拆器材、消防过滤式自救呼吸器、搜救标识、担架等器材，通过防烟楼梯、邻近单元或登高平台车等方式快速到达顶层，开启楼顶通往平台的疏散门，形成通风环境，并对顶层及下一层的楼梯、房间、廊道等区域展开搜索，根据烟气蔓延情况疏散至屋顶平台，搜索过的区域使用搜救标识标记清楚。

③被困人员具体楼层：3号搜救组根据现场被困人员的具体楼层，携带简易破拆器材、消防过滤式自救呼吸器、搜救标识、担架等器材，沿防烟楼梯依次对具体的人员位置展开疏散救助工作，疏散过的区域使用搜救标识标记清楚。

④重点楼层（着火层上部3~7层）：4号搜救组携带简易破拆器材、消防过滤式自救呼吸器、搜救标识、担架等器材，对着火层上部3~7层等重点楼层逐一展开搜救，并做好搜救标识标记。

⑤着火层下一层：5号搜救组携带简易破拆器材、消防过滤式自救呼吸器、搜救标识、担架等器材，协助初战力量对着火层下一层展开地毯式搜寻，实现全方位、无死角搜索。

⑥其他楼层：6号搜救组携带简易破拆器材、消防过滤式自救呼吸器、搜救标识、担架等器材，对建筑内着火层以上其他楼层展开疏散搜救工作，并做好搜救标识标记。

（五）操作要求

（1）根据现场被困人员情况，综合考虑搜救小组的设置数量，并做好个人安全防护，部分搜救组的工作应同时展开。

（2）实战过程中，进入着火区域须有水枪射流掩护，不得单独行动或盲目进入浓烟区域。

（3）严格按照消防电梯的操作要求，严禁穿越着火层，注意防范灭火用水引发电梯停用，导致救援人员被困。

（4）大型灭火救援现场被困人员较多时，视情调集救援直升机配合屋顶平台等处的人员疏散。

（5）利用消防电话分机、通信中继等有线与无线相结合的方式保障现场通信。

五、外部路径疏散搜救技术

（一）训练目的

通过训练，使参训人员掌握利用15 m金属拉梯、云梯消防车、登高平台消防车等多种方式梯次架设救援通道的方法。

（二）场地器材

模拟一栋“基础+塔楼”形式的大型商业综合体内部发生火灾，在4层、15层、22层窗口有人员被困，建筑外围停靠1辆泡沫消防车（1号车）、1辆举高喷射消防车（2号车）、1辆55 m云梯消防车（3号车）、1辆72 m登高平台消防车（4号车），配备15 m金属拉梯、全身吊带、攀爬钩、他救器材（他救面罩、过滤式消防自救呼吸器、安全腰带、短连接、安全钩等）、通用安全绳、滑轮等器材，如图3-68所示。

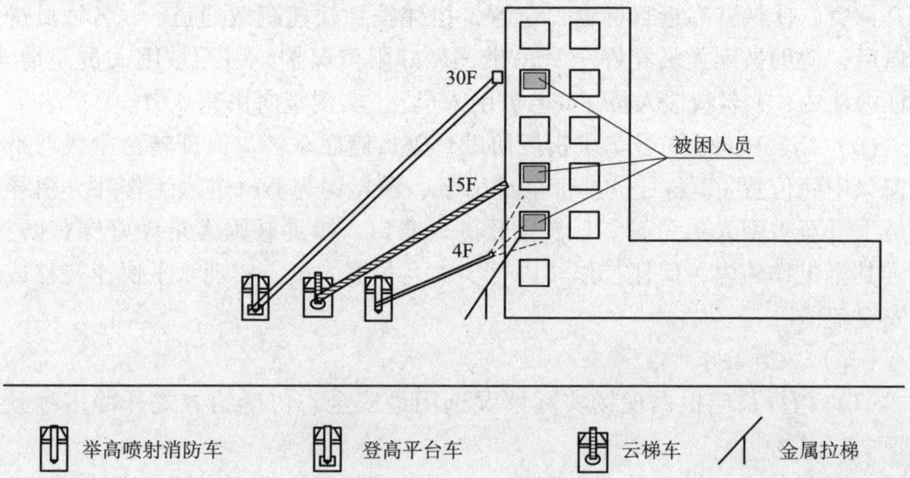

图3-68　外部路径疏散搜救技术场地示意图

（三）人员配置

4车20人。指挥员1人、通信员1人、班指挥4人、号员9人、安全员1人、驾驶员4人，参训人员按照实战要求着装。

（四）操作程序

（1）听到“开始”口令后，安全员对现场实施安全管控。通信员利用无人机高空侦察，协助人员疏散。

（2）现场指挥员根据被困人员的具体位置，确定低、中、高3个区域的救援方案，命令2号车封控烟气，1号车利用15 m金属拉梯架设救援通道，2、3号车分别占据消防登高作业面，利用梯臂、滑斗、工作斗架设快速疏散通道。

（3）烟气封控：举高喷射消防车按操作规程展开，利用喷雾射流封控被困人员就近高温浓烟窗口，为人员疏散提供安全环境，同时阻止火势蔓延。

（4）低区疏散：1 号车班指挥带领4 名号员架设15 m 金属拉梯。3 号员利用通用安全绳、滑轮等器材在梯磴上制作保护系统。随后5 人协力将拉梯抬至被困人员下方区域，按照各自分工，协力将拉梯架设至目标窗口，其中1、2 号员负责梯脚保护并调整支撑脚，4、5 号员负责拉绳并做好拉绳限位保护。待拉梯架设到位，4 号员将绳索保护系统的挂钩挂入3 号员全身吊带，做好爬梯保护，5 号员稳固梯脚对主梯实施保护；3 号员携带全身吊带、过滤式消防自救呼吸器等他救器材逐级攀登至4 层窗口，对被困人员做好绳索保护措施，随后依次进行疏散。

（5）中区疏散：2 号车班指挥协助驾驶员停靠车辆，保证转台中线对准目标窗口中间位置。2 名号员携带全身吊带、攀爬钩等器材进入工作斗；驾驶员举升梯臂，使梯臂靠近目标窗口位置，搭建扶梯快速疏散通道。1 名号员进入窗口后，协助被困人员穿好全身吊带，做好限位保护，引导被困人员至滑斗，保证滑斗内“1 名救援人员 +1 名被困人员”，实现竖向快速疏散。

（6）高区疏散：3 号车班指挥协助驾驶员停靠车辆，保证转台中线对准目标窗口中间位置。2 名号员携带全身吊带、攀爬钩等器材进入工作斗，引导驾驶员上升至被困人员位置。1 名号员进入窗口，协助被困人员做好穿戴防护，引导其至工作斗内，保证工作斗内至少1 名救援人员，实现水平快速转移或错层安全疏散。

（五）操作要求

（1）指挥员应根据现场实际情况选用最安全、快捷的方式开辟多种救援通道。

（2）做好车辆展开的安全评估，注意路面承载、预留增援通道等情况。

（3）登高平台消防车、云梯车工作斗水炮出水时，注意工作斗、梯臂的载重，防止过载造成车辆卡停，影响人员安全。

六、建筑火灾灭火操

（一）训练目的

通过训练，使参训人员掌握多层建筑火灾中沿6 m 拉梯、挂钩梯铺设水带，沿楼梯蜿蜒铺设水带，吊升和垂直铺设水带的方法，学会梯次攻防作战的方法，强化各号员之间协同配合意识，提高参训人员内攻灭火的能力。

（二）场地器材

在建筑物（训练塔）前60 m 处标出起点线，40 m 处为车辆停车线并设消火栓一只；起点线停放水罐（泡沫）消防车一辆，保险杠与起点线平齐。距离建筑物 10 m 处设置分水器线。着火楼层设定为 3 层。

（三）操作程序

（1）班指挥、1 号员、2 号员、3 号员、4 号员、驾驶员在起点线前集合，班指挥在起点线前整队检查着装登车，消防车在起点线处待命。

（2）听到“预备”的口令，参训人员登车，听到“开始”的口令，车辆行驶至停车线处，参训人员按各自分工展开；班指挥在消防车一侧，铺设 2 盘 ϕ80 mm 水带连接分水器；2 号员携带分水器、一盘 ϕ65 mm 水带、一支水枪至分水器线；1 号员在消防车另一侧铺设两盘 ϕ65 mm 水带，出一支水枪掩护（成立姿射水，留 1 盘机动水带）；3 号员运送 6 m 拉梯至建筑物前架设至二楼窗口，后返回运送 2 盘 ϕ65 mm 水带，1 支水枪至分水器线；4 号员携带保护绳、个人引绳，和两盘 ϕ65 mm 水带，1 支水枪至分水器线，协助 3 驾驶员利用吸水管连接消火栓。

（3）班指挥下达“水枪掩护，3 号员至三楼进攻的命令”，4 号员协助 2 号员沿 6 m拉梯攀登至建筑物 2 层，2 号员携带一盘 ϕ65 mm 水带、一支水枪和消火栓转换接口在 2 层利用室内消火栓出一支水枪，1 号员射水进行掩护；3 号员在 2 号员的掩护下，沿楼梯攀登至 3 层垂直铺设水带，挂好挂钩，出水枪进攻，如图 3-69 所示。

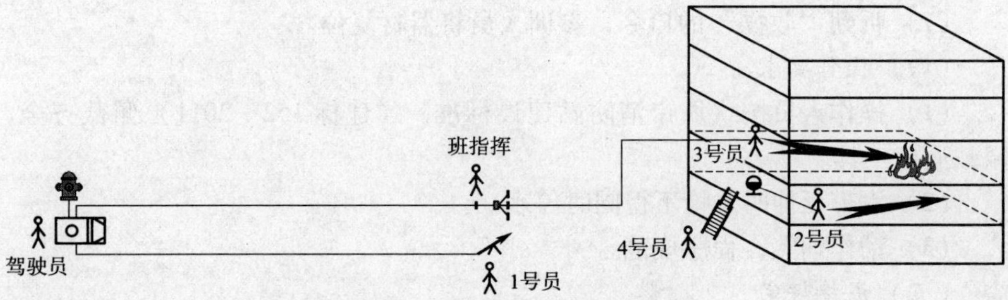

图 3-69　建筑火灾灭火操示意图

（4）班指挥下达“水枪掩护，4 号员至 4 层堵截”的命令；4 号员沿楼梯登至 4 层，3 号员做好掩护，4 号员到位后放下个人引绳，在班指挥的协助下吊升水带、水枪至 4 层，挂好水带挂钩，水枪出水堵截火势，如图 3-70 所示。

（5）班指挥下达“水枪掩护，1 号员至 3 层进攻的命令”；1 号员在班指挥协助下，沿楼梯蜿蜒铺设水带至 3 层，出 1 支水枪灭火，2 号员负责掩护，如图 3-71 所示。

（6）完成所有科目时，班指挥喊“好”。

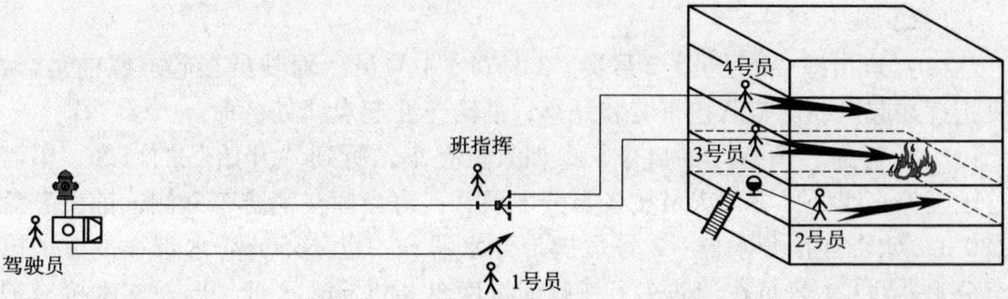

图 3-70　建筑火灾灭火操示意图

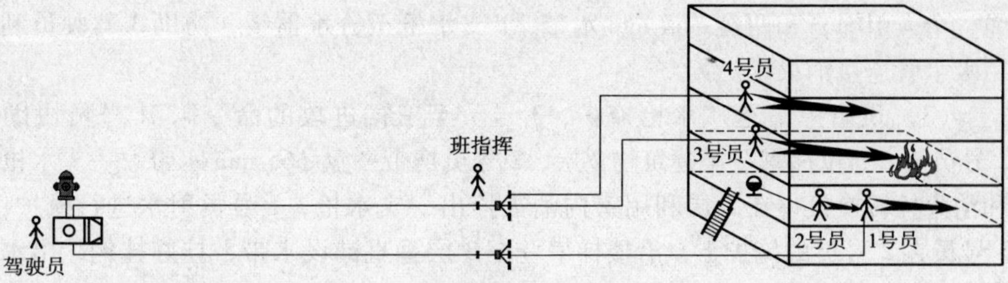

图 3-71　建筑火灾灭火示意图

（7）听到“收操”的口令，参训人员将器材复位。

（四）操作要求

（1）操作人员按《城市消防站建设标准》（建标 152—2011）佩戴齐全，佩戴通信工具。

（2）水带延伸时水枪不得同时停水。

（3）动作娴熟，程序规范。

（五）成绩评定

（1）计时从“开始”至完成最后一个动作时止。

（2）成绩评定采取四级制和计时相结合；90 分以上为优秀，80 ~ 90 分为良好，60 ~ 80 分为及格，60 分以下为不及格；操作时间 5 min 内为合格。

（3）具体操作扣分明细表见表 3-10。

表 3-10　建筑火灾灭火操扣分明细表

项目	标　　准	扣分
个人防护	12 项个人防护装备每缺带 1 项的扣 2 分	
	个人防护装备掉落未重新穿戴好的每人次扣 2 分	
	空气呼吸器漏气或气压不足报警的每人次扣 5 分	

续表

项目	标　准	扣分
个人防护	未开启呼救器就进入的每人次扣5分	
	进入建筑前未佩戴空气呼吸器或未呈连续使用状态的每人次扣5分	
携带器材	未按规定携带或遗漏器材的每件次扣2分	
	通信联络不畅的每人次扣2分	
	携带器材操作使用不熟练不正确的每次扣2分	
水带铺设	水带连接出现脱口、卡口的每次扣2分	
	未在规定位置设置分水器的扣5分	
	分水器未固定或固定方法错误的扣5分	
	未在水枪掩护下内攻的扣10分	
	水带延伸时未向后甩带打开的每次扣2分	
	水带延伸未在水枪掩护下进行的每次扣10分	
	内攻人员未采取探步前行的扣10分	
	使用室内消火栓方法不正确的扣5分	
	垂直铺设未控制好速度，磕碰外立面障碍物造成水带损坏的扣5分	
	水带挂钩悬挂位置不正确或出水后水带挂钩脱落的扣10分	
	垂直铺设水带时出现安全隐患的扣10分	
梯子架设	梯档未锁牢靠的扣5分	
	梯子架设在窗沿外实施攀登的扣5分	
	进入建筑前未对建筑窗台进行安全评估的扣10分	
	梯子架设不稳定牢固的扣5分	
	梯子未拉伸高出窗台两档的扣5分	
	未在水枪掩护下登梯的扣10分	
备注	（1）计时从“开始”口令至喊“好”止； （2）用时超过规定及格时间的计0分； （3）满分100分，扣完为止，不计负分	

七、建筑火灾救人操

（一）训练目的

通过训练，使参训人员掌握建筑火灾救人操的操作程序和作战方法，提高指挥员的组织指挥能力和班组协同配合能力。图3-72为建筑火灾救人场地示意图。

（二）场地器材

在训练塔一楼楼梯出口30 m处划出起点线，起点线处停放一辆执勤水罐

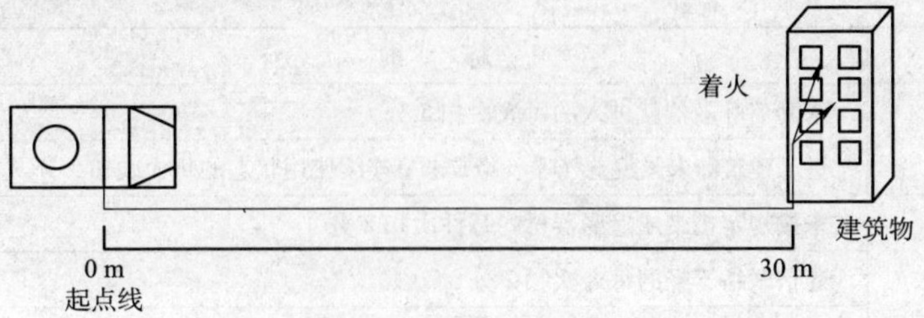

图 3-72　建筑火灾救人操场地示意图

消防车（车头朝向不限，车辆出水口与起点线相齐），在训练塔三层设置着火层，四层设置 1 名被困人员（60 kg 假人，带有四肢）。起点线上放置立式双卷 ϕ80 mm 水带 2 盘、ϕ65 mm 水带 4 盘、多功能水枪 2 支、三分水器 1 只、消防用红外热像仪 1 台、多功能担架 1 副、消防过滤式自救呼吸器（逃生面罩）1 套。

（三）器材和着装要求

（1）个人防护装备（11 件套）：正压式空气呼吸器（容积≥6.8 L，气瓶压力≥25 MPa）、灭火防护服、消防头盔、灭火防护靴、消防安全腰带、安全绳、腰斧、呼救器（与方位灯合一）、阻燃头套、防爆照明灯和消防手套。

（2）驾驶员着作训服、作训鞋，戴抢险救援头盔；指挥员（干部）、战斗员着个人防护装备 11 件套。

（四）操作程序

（1）参训人员在起点线后立正站好，当听到“预备”的口令后，参训人员做好准备。

（2）听到“开始”的口令，驾驶员负责出水口水带连接，并操作消防车负责供水。

（3）1 号员铺设 2 盘 ϕ80 mm 水带连接分水器接口至二楼房间入口楼梯平台处，放置并操作分水器。2 号员携带 2 盘 ϕ65 mm 水带、1 支水枪至二楼分水器处，铺设 1 盘 ϕ65 mm 水带，延伸至三楼内窗口处设置水枪阵地。待三楼水枪（直流水）出水，3 号员携带 2 盘 ϕ65 mm 水带、1 支水枪从二楼分水器处铺设2 盘 ϕ65 mm 水带，延伸至四楼房间入口楼梯平台处设置水枪阵地。待四楼水枪（直流水）出水，指挥员从三楼房间入口楼梯平台处，带领 4、5、6 号员携带消防用红外热像仪、多功能担架、逃生面罩在 3 号员水枪掩护（开花水）下，进入四楼内部，搜救被困人员，为被困人员戴上逃生面罩，利用担架，协作将被困人员沿原路返回救至地面起点线处（假人整体过起点线），指挥员示意喊“好”。

（五）操作要求

（1）严格按照操作程序逐一实施。

（2）起点线处水带双卷立放、接口不能着地，水枪、水带、分水器应逐一摆放，不得预先连接和接触。

（3）操作过程中 2 支水枪不得停水。

（4）担负进入楼内进攻任务的人员应佩戴面罩，并保持连续正常供气。

（5）救助假人时，救助方法必须规范（面罩至少覆盖被救者面部三分之二），假人不得在地面拖拉、掉落。

（六）成绩评定

（1）操作时限 120 s。

（2）有下列情况之一，作扣分处理：

①操作过程中参训人员摔倒的，每人次扣 3 分。

②干线水带缠绕 360°、支线水带缠绕 720°的，每处扣 6 分。

③水泵压力超过 1.2 MPa 的，扣 3 分；水枪手射水时水枪脱手的，每人次扣 6 分。

④操作过程中个人防护装备掉落的，每件次扣 3 分；出现水带脱口或爆裂的，每次扣 3 分。

⑤参训人员未携带对讲机的，每人次扣 3 分。

⑥水带干线连接分水器后，指挥员未使用对讲机指挥驾驶员供水的，扣 3 分；驾驶员未应答或未接到指挥就出水的，扣 3 分。

⑦水枪手在 3 楼出水后，未使用对讲机向指挥员报告的，扣 3 分；指挥员未应答或未接到报告就上楼的，每处扣 3 分。

⑧指挥员、4、5、6 号员未在水枪掩护下进行搜救的，扣 3 分；施救过程中水枪中断的，每次扣 3 分。

⑨在人员搜救过程中，未使用热成像仪从三楼入口处开始搜救的，扣 3 分；假人施救过程中，在地面拖拉的，每次扣 3 分；被救者逃生面罩掉、脱落的，每次扣 3 分。

⑩使用担架搬运假人时，未对胸部和腿部进行固定的每处扣 3 分；担架抬行过程中被救者肢体接触地面的，每次扣 3 分；担架缚带未扣好的，每处扣 3 分。

⑪操作结束后，未经考核人员检查取下空气呼吸器面罩的，每人次扣 3 分；测试热成像仪时，不会正确使用的，扣 3 分。

（3）有下列情形之一，不计取成绩：

①担负进入楼内进攻任务的人员空气呼吸器未连续正常使用的。

②在地面拖拉假人的。

八、建筑火灾实战演练

（一）训练目的

通过训练，使参训人员掌握两辆水罐（泡沫）消防车和一辆抢险救援消防车编成，扑救单元式居民楼火灾的方法，提高班组之间协同作战的能力。

（二）场地器材

模拟训练塔为一单元式居民楼，训练塔前停靠压缩空气泡沫消防车一辆（1号）、水罐（泡沫）消防车一辆（2号）、抢险救援消防车一辆（3号）。

假设单元式居民楼第4层发生火灾，有人员被困（具体被困人员数量、位置现场随机设定，可结合实际情况设置更换水带、破拆防盗门、绳索救人等技战术训练）。

（三）操作程序

（1）参训人员按实战要求穿戴好个人防护装备，乘坐于车内。

（2）指挥员根据灾情设定，通过电台向各车辆下达具体作战命令：1号车负责侦察、灭火、救人；2号车负责堵截、疏散；3号车负责破拆、搜救。

（3）发出“开始”信号后，各车辆根据作战命令实施战斗展开。

① 1号车停靠水源，参训人员编成3组。

侦察搜救：第一组实施火情侦察，疏散和搜救着火层及着火层上层人员。

内攻灭火：第二组铺设供水线路，沿建筑入口至着火层下层平台处设置分水阵地，出泡沫（水）枪内攻灭火。

安全警戒：第三组设置安全员一名、警戒人员一名，安全员负责实时监控火场安全行动；警戒人员负责外围火场警戒，设置作战区域，防止坠落物伤人。

② 2号车停靠水源，参训人员编成两组。

架梯救人：第一组架设消防梯，救助被困人员。

供水堵截：第二组铺设供水线路至训练塔下方，出泡沫（水）枪，视情从外部堵截火势向上或相邻方向蔓延。

③ 3号车就近停靠建筑入口处，参训人员编成3组。

破拆搜救：第一组携带侦检、救生、破拆等器材，进入着火层协助1号车搜救被困人员。疏散救人：第二组疏散和搜救着火层被困人员。

（4）确认人员搜救完毕，火势扑灭。

（5）清理火场：按照任务分工，参训人员清理火场清点人数，将器材复位后报告“操作完毕”。

（6）总结讲评：指挥员确认现场任务完成后，对整个火灾扑救过程进行现场讲评。

（四）操作要求

（1）参训人员个人防护装备要穿戴齐全，采用有效措施保持通信畅通。

（2）应及时疏散着火建筑内人员，特别加强对着火层以上楼层的搜救，并对已搜索房间进行标记。

（3）架梯救人时要选择安全、合适的位置，稳定被困人员情绪，落实保护措施。

（4）开门进入房间内部灭火时，要预防轰燃伤人。

（5）内攻水枪到位后，堵截外部火势的水枪不得向着火房间射水。

（6）供水（泡沫）时，参训人员不得位于水泵出水口、二道分水器出水口、地面水带连接处和水带垂直部位的底部。

（五）成绩评定

有下列情况之一者，成绩评定为不合格：

（1）安全防护措施不到位，个人防护装备不按规定着装的，佩戴不齐全或掉落未纠正的。

（2）演练未按程序展开的。

（3）内攻小组未按规定携带器材装备的。

（4）疏散顺序未按照着火层、着火层上层、着火层下层顺序的。

（5）破拆防盗门进入时水枪没有掩护到位的。

（6）操作过程中违反安全规定的。